# ¡Anímate a Soñar!

Considera la interpretación bíblica de los sueños y las visiones.

Lapstone Publications
Kitchener, Ontario, Canada

# ¡Anímate a Soñar!

## Considera la interpretación bíblica de los sueños y las visiones.

© Octubre 2011 Steve & Dianne Bydeley
Versión en español

Ninguna parte de esta publicación puede ser reproducida o archivada en un sistema electrónico ni transmitida bajo ninguna forma sin previo permiso escrito de los autores.

Las citas bíblicas son tomadas de LA BIBLIA DE LAS AMERICAS, Copyright © 1986, 1995, 1997, por The Lockman Foundation. Usadas con permiso. www.LBLA.com

ISBN: 978-0-9737473-4-8

Traducido por Pamela Escobar
Email: pammescobar@gmail.com

## ...Recomendado por

El libro ¡Anímate a Soñar! escrito por Steve y Dianne Bydeley vuelve a abrir la puerta para escuchar a Dios a través de los sueños. Muchos serán los que aprenderán a recibir el consejo de Dios durante los sueños de la noche como resultado de este libro, transformándolo así en un valioso regalo para el cuerpo de Cristo. Después de cientos de años de no tomar en serio los sueños, pioneros como Steve y Dianne están colocando un cimiento para la restauración de una visión y experiencia bíblica de los sueños. Más luz será agregada mientras avanzamos; sin embargo, este libro es un faro iluminado para guiar a las personas en la dirección correcta. Gracias, Steve y Dianne, por este regalo a la iglesia. Quiera Dios extender vuestro ministerio según se ensanchan sus enseñanzas.

Dr. Mark Virkler
*Communion With God Ministries*
*Presidente de Christian Leadership University*

Hay mucha hambre de revelación sobrenatural. El Espíritu de Dios está entregando revelación clave que pondrá al descubierto Su plan redentor para el mundo. La Biblia se torna viva según la voz de Dios nos enseña a entender los tiempos y estaciones. No debemos temer a lo sobrenatural. Los sueños serán muy significativos en el plan de Dios para desbloquear la cosecha en todo el mundo. "¡Anímate a Soñar!" es un libro muy importante para los tiempos actuales. Joel 2:28-29 dice: "y sucederá que después de esto, derramaré mi Espíritu sobre toda carne; y vuestros hijos y vuestras hijas profetizarán, vuestros ancianos soñarán sueños, vuestros jóvenes verán visiones. Y aún sobre los siervos y las siervas derramaré mi Espíritu en esos días". Este es el plan restaurador de Dios para su pueblo. Este libro nos ayuda a adentrarnos en su plan.

Dr. Chuck D. Pierce
*Vice-presidente, Global Harvest Ministries*
*Presidente, Glory of Zion International, Inc.*

Este libro está dedicado a aquellos, en el Cuerpo de Cristo,
que buscan tener una relación más cercana con Dios.

Nuestros sinceros agradecimientos
a todos nuestros amigos que
nos han ayudado a trabajar con el manuscrito,
nos han ofrecido dirección, y nos han animado:
Rev. Art Zeilstra, Ontario, Canada,
Difunto Dr. Stan Grentz, BC, Canada,
Graham Gilmore, Sydney, Australia,
Dr. Derek Morphew, Cape Town, South Africa,
Dr. and Mrs. Gordon Fee, BC, Canada,
Dr. David Clements, BC, Canada,
Pamela Escobar, ON, Canada, y otros.
Principalmente le damos las gracias, con todo nuestro ser,
al dador de sueños – Dios nuestro Salvador, Jesús.

# Índice

Prólogo...........................................................................13
Prefacio..........................................................................15
1 Dios habla hoy..........................................................19
   Más que Mil Palabras...............................................22
   Silencio o Censura....................................................22
   El derramamiento.....................................................24
2 Definiendo sueños y visiones..................................27
   Sueños......................................................................27
   Visiones...................................................................29
   Imágenes proféticas.................................................32
   Conclusión...............................................................32
3 La Muerte de los Sueños..........................................35
   Estrategias del Enemigo...........................................35
   Circunstancias de la muerte de los sueños...............39
      *Ciencia*..............................................................*39*
      *El Mundo*..........................................................*40*
      *Sigmund Freud*..................................................*40*
      *Carl Jung*..........................................................*40*
      *La Nueva Era*....................................................*41*
      *Actitudes Culturales*..........................................*41*
      *Asamblea de Creyentes*.....................................*42*
   Conclusión...............................................................43
4 Volviendo a valorar los sueños...............................45
   Dios enseña acerca de los sueños en la Biblia.........47
   Sueños de la Biblia..................................................48
      *Génesis 15:1-6*..................................................*48*
      *Génesis 37:5–10*...............................................*49*
      *Génesis 40:5–8*.................................................*50*
      *Génesis 41:1–8*.................................................*51*
      *Jueces 7:13–15*.................................................*52*
      *Daniel 7*............................................................*53*
      *Evangelio de Mateo*..........................................*54*
      *Hechos 10:9–16*................................................*55*
   Lista de sueños y visiones que aparecen en la Biblia....57

Al recibir un sueño ...... 58
Conclusiones ...... 59

## 5 Categorías y Tipos de Sueños ...... 61
Categorías de Sueños ...... 61
Sueños Misceláneos ...... 62
*Sueños de Proceso Natural ...... 62*
*Embarazo ...... 63*
*Sueños Cuerpo/Químicos ...... 63*
*Sueños Seductores ...... 63*
*Falsos Sueños ...... 65*
Sueños con Mensajes ...... 66
Definiendo el tipo de Sueño ...... 66
*Sueños Subjetivos ...... 67*
*Sueños Objetivos ...... 67*
*Combinación de Sueños ...... 70*
Otro tipo de sueños ...... 70
*Sueños de los niños ...... 71*
*Sueños Literales ...... 71*
Conclusión ...... 72

## 6 Reconocimiento de los Símbolos ...... 73
Enfoque Cristiano-jungiano ...... 73
Un enfoque estríctamente bíblico ...... 75
Enfoque Profético ...... 75
Enfoque Relacionado a lo Personal ...... 75
Conclusión ...... 77

## 7 Lenguaje básico de sueños ...... 79
Metáforas, Símiles y Metonimias ...... 81
Simbolismo y la Biblia ...... 83
Las Parábolas de Jesús ...... 86
Conclusión ...... 88

## 8 Considerando el Contexto ...... 89
Puente ...... 92
Conclusión ...... 93

## 9 Interpretando los Símbolos de los Sueños ...... 95
*Personas ...... 97*
*Edificios ...... 98*
*Habitaciones ...... 99*
*Vehículos ...... 99*
*Aviones ...... 100*
*Barcos y Botes ...... 100*
*Acción ...... 100*
*Animales ...... 101*
*Agua ...... 101*
*Colores ...... 102*
*Números ...... 103*

Conclusión ..................................................................103
**10 Propósito de los Sueños ...................................105**
   *Sueños Vocacionales ............................................106*
   *Sueños Purificadores ............................................109*
   *Sueños de Advertencia .........................................110*
   *Sueños de Ánimo ..................................................111*
   *Sueños que Guían .................................................112*
   *Sueños Reveladores ..............................................115*
   *Sueños de Conflictos .............................................115*
   *Sueños de Creación ...............................................117*
   *Sueños de Sanidad ................................................118*
   Conclusión ..............................................................120
**11 Interpretando el Sueño ......................................121**
   El Momento del Entendimiento ............................122
   Pasos para Interpretar ............................................122
   Ejemplos de Interpretación ...................................124
     *Primer Sueño .....................................................124*
     *La Persona .........................................................126*
     *El Contexto ........................................................127*
     *El Significado ....................................................127*
     *El Propósito .......................................................128*
     *La Respuesta .....................................................128*
     *Segundo Sueño ..................................................128*
     *La Persona .........................................................129*
     *El Contexto ........................................................129*
     *El Significado ....................................................130*
     *El Propósito .......................................................130*
     *La Respuesta .....................................................131*
   Conclusión ..............................................................131
**12 Líderes y quienes reciben el sueño ..................133**
   Por favor escúcheme ..............................................134
   El Líder Juvenil ......................................................136
   El Picnic ..................................................................137
   Sometiendo los Sueños a los Líderes ...................138
   Al Recibir un Sueño entregado a Otros ...............139
   Respondiendo a Quién le Entrega un Sueño .......141
   Conclusión ..............................................................142
**13 Dificultades en la Interpretación .....................145**
   Condenación ...........................................................145
   Sin Temor ................................................................146
   Frustración ..............................................................146
   Pasando Tiempo en Sueños Erróneos ..................146
   No Hacerlo de manera Simple ..............................147
   No Entendiendo la Exageración ...........................147
   ¿Para quién es el Sueño? .......................................148

    Actuar Demasiado Rápido .............................................. 149
    Cofundir los Tipos de Sueños ....................................... 149
    No se Quede en lo Lógico ............................................. 152
    Evite el Orgullo ............................................................ 152
    Conclusión .................................................................. 152

**14 Problemas y Oraciones ............................................... 155**
    Para Aquellos que No Sueñan ...................................... 155
    Razones por las que No se Recuerdan los Sueños ......... 155
    En Camino a Recordar los Sueños ................................ 157
    Oración de Purificación ................................................ 158
    Frecuencia de los Sueños .............................................. 160
        *Razones para Grabar los Sueños ............................. 161*
    Conclusión .................................................................. 162

**15 Sueños Agradables ..................................................... 163**
    Responsabilidad .......................................................... 164

**Apéndice ........................................................................ 167**
    Estudio de Palabras Clave ........................................... 167
        *Hebreo: Soñar/Sueños ............................................ 168*
        *Griego: Soñar/Sueños ............................................. 169*
        *Hebreo: Tener visiones/Visiones ............................. 170*
        *Griego Tener visiones/Visiones ............................... 172*
    Conclusión .................................................................. 172

**.... Bibliografía ............................................................... 175**
    Bibliografía Clave ....................................................... 175
    Bibliografía de Sueños ................................................ 176
        *Libros ..................................................................... 176*
        *Material de Audio ................................................... 176*
        *Artículos de Enciclopedia ........................................ 177*

**... Acerca de los Autores ............................................... 179**

## ...Prólogo

*¡Anímate a Soñar!* es una verdadera joya. Es uno de aquellos libros que pareciera está enfocado en lo específico, pero que termina siendo una herramienta real para la vida de quien lo lee. Ya que Dios es amor, Él ama estar en comunión y comunicarse con Su pueblo. A pesar de que los sueños son una de las maneras primarias a través de las cuales Dios se comunica con Su pueblo, ha habido un definida falta de libros basados sólida, práctica y bíblicamente acerca de este tema. Ya que mucha de la revelación que Dios desea entregar a Sus hijos e hijas involucra el trasladarlos a una vida más abundante, yo sugeriría que este libro fuese un libro de estudio en cada una de las librerías cristianas.

Yo conocí a Dianne hace unos 10 años atrás cuando aún era soltera. Ella siempre demostró tener un corazón verdaderamente entregado al servicio de Dios. Luego de unos 6 años desde nuestra última conversación, mientras ministraba en Sydney, Australia, la volví a encontrar ahora junto a su esposo Steve. Él también irradia pasión por Dios y amor por las personas. Durante los pocos años que no tuve contacto con Dianne, ella y su esposo, Steve, desarrollaron un gran entendimiento y sabiduría con respecto al área de los sueños, reconociendo cómo Dios habla a través de ellos. Sinceramente animo a todo aquel que desea crecer en su conocimiento de lo profético, a leer y estudiar *"¡Anímate a Soñar!"*. Aún más, animo a toda persona que quiera crecer en intimidad con Dios a que atesore el material entregado en este libro. Para muchos, este libro será una fuente de sabiduría y ánimo, pero para otros me atrevo a asegurar que será una herramienta que cambiará sus vidas en la medida que aprendan a realmente identificar, a través de una manera sana y bíblica, lo que el Espíritu Santo está tratando de depositar en sus vidas.

Marc A. Dupont
*Mantle of Praise Ministries, Inc.*
Ft. Wayne, Indiana
Marzo 9, 2002

# Prefacio

Mi interés (Steve) en los sueños surgió de manera dramática, algunos años atrás, cuando desperté con mis ojos muy abiertos debido a lo impresionante de un sueño que tuve. El simbolismo en ese sueño me dejó pasmado. No supe su significado inmediatamente, pero supe que había un mensaje para mí, por lo que me levanté de la cama, lo escribí y luego volví a dormir.

Durante los meses previos a este sueño estuve bajo mucha tensión emocional. Obviamente el simbolismo estuvo relacionado a este período, razón por la cual, queriendo entender el mensaje del sueño, llamé al Rev. Art Zeilstra, nuestro amigo y fundador del Centro de Consejería Cristiana Cornerstone del cual somos asociados. De acuerdo a su sugerencia, nos reunimos para intentar un enfoque via oración, esperando de esta manera recibir discernimiento respecto al sueño. Este hecho probó ser muy efectivo para el entendimiento del sueño. Aunque no puedo decir los detalles, el sueño probó ser importante para mi bienestar pues me ayudó a manejar la tensión que estaba experimentando. Mucho del peso que llevaba se fue y pude continuar con mi vida.

Creemos que Dios desea relacionarse con sus hijos tanto en forma individual como corporativa. Es a través de la muerte y resurrección de su hijo Jesús y la persona del Espíritu Santo que podemos acercarnos a Él como nuestro Padre. En este rol, como Padre, Él está interesado en los detalles y eventos de nuestras vidas. Este involucramiento íntimo en las vidas de sus hijos es lo que se llama relación. Cultural, social y espiritualmente hemos perdido una valiosa via para relacionarnos con Él – los sueños.

La Biblia nos habla de personas que valoraban el que Dios se comunicara con ellos a través de sueños. Considere por un momento a Daniel, un hombre de alta estima de acuerdo a las palabras de un ángel del trono de Dios y un soñador, reconocido por su habilidad para interpretar sueños. También puede leer acerca de José, el soñador del Antiguo Testamento, quien fue trasladado desde prisión para ser el segundo en autoridad sobre todo Egipto, salvando a la nación de Israel (Génesis 37-50) al traerlos a Egipto y con eso, nuestra esperanza de salvación. También es interesante que otro José, un soñador del Nuevo Testamento, salvó al Hijo de Dios al trasladarlo a Egipto (Mateo 1-2). ¿Hemos perdido hoy esta forma de considerar los sueños?, ¿es acaso que el movimiento de la Nueva Era junto a otros movimientos han tomado para sí lo que nosotros hemos descartado incautamente? ¿es tiempo que nosotros, el pueblo del reino de Dios, tome posesión de lo que justamente es nuestro? Nosotros creemos que es tiempo que los cristianos despierten a la posibilidad que nuestros sueños puedan contener mensajes de Dios.

Este libro tiene cuatro objetivos:

1. *Demostrar que Dios aún nos habla a través de algunos de nuestros sueños y de algunas visiones.* El profeta Joel[1] habla acerca de mucho más que sólo un derramamiento del Espíritu Santo. Él da cuenta de algunos de los resultados de este derramamiento – profecía, sueños y visiones. La profecía, que es uno de los dones del Espíritu, es un tema que ha sido ampliamente estudiado por otros autores. Los sueños y las visiones, sin embargo, no han llamado mucho la atención.

---

[1] Joel 2:28

*2. Crear consciencia acerca de esta fuente de comunicación y forma de relacionarnos con Dios que ha sido ignorada.* Los sueños son mencionados a través de toda la Biblia, y las personas en la Biblia tomaban seriamente estos sueños. Muchos eventos fundamentales en la historia involucraron sueños, como por ejemplo, el nacimiento y protección del Hijo de Dios. Tras escudriñar las Escrituras, deseamos despertar el entendimiento acerca del corazón de Dios por los sueños y el valor que Él les otorga. Esto nos desafiará a considerar lo que ha sido ignorado como parte de la relación con nuestro Padre.

*3. Enseñar principios y métodos para entender los sueños y así, establecer su lugar en nuestras vidas.* Creemos que los cristianos y líderes necesitan ser proactivos en prepararse para lo que ciertamente ocurrirá en los últimos días. Sabemos que los creyentes están interesados en el derramamiento del Espíritu Santo descrito en la profecía de Joel 2:28, en la cual se nos anuncia que la experiencia de tener sueños y visiones aumentará.

Por lo tanto, entregaremos maneras de entender las imágenes y símbolos que a menudo contienen los sueños (y visiones) de modo que los cristianos estén preparados no sólo para caminar por este sendero por sí mismos, sino también para guiar con amabilidad, entendimiento y cuidado con un corazón informado, a todo aquel que el Señor ponga en sus caminos.

*4. Demostrar que Dios deposita sueños en las vidas de sus hijos.* Como consejeros pastorales estamos muy animados en descubrir cómo Dios le habla a Su pueblo, a través de sueños, para entregar alivio ante aquellos temas que nos aprisionan y dañan nuestras relaciones.

Steve y Dianne son coautores del material de este libro. Cuando uno de nosotros hace un comentario o afirmación personal específica, hemos decidido agregar el nombre de la persona entre parentésis a modo de aclaración.

El sueño es un regalo de comunicación de parte de Dios que tiene el propósito de acercarnos a Él. Vamos a aprender las habilidades necesarias para escuchar y entender lo que Dios nos habla.

Steve & Dianne Bydeley, 2006

# 1 Dios habla hoy

**Sueño:** *Tuve el especial privilegio de ser un piloto de guerra en un Tomcat F14. Había gente a mi alrededor que me ayudaba con el traje de vuelo para estar listo para ir a misiones.*

¿Ha despertado alguna vez debido a un sueño como éste pensado...? "¿De qué se trata todo esto? ¿quién me vestía?, ¿cuál era la misión?, ¿qué representaba?, no puedo manejar ese tipo de nave; ¿habré sido capaz de manejarla?, ¿tal vez fue algo que comí? o tal vez... ¿sería un sueño para animarme?"

La verdad es que cuando tuve este sueño estaba decepcionado pues pensaba que las cosas no iban tan bien como me hubiese gustado. Me había estado preguntando qué estaba pasando, por qué las cosas iban tan lento. Este sueño respondió mis preguntas y me llenó de ánimo nuevamente. No había sido olvidado. No 'perdí el avión'. Estaba en un tiempo de preparación a fin de que pudiera enfrentar con gozo las misiones que se aproximaban.

¿Usted tiene sueños?, si cree que no sueña o que no puede acordarse de sus sueños, tal vez, puedan haber razones para que ello ocurra. Si usted sí sueña –y creo, de acuerdo a lo que la evidencia sugiere, que todos por necesidad soñamos – entonces usted también se debe haber preguntado acerca de lo creativo de los sueños y sus símbolos. Usted, también se debe haber preguntado acerca de su significado, propósito y origen. Algunos de estos sueños pueden ser algo más que producto del alimento que ingerimos la noche anterior o al resultado de un día muy activo.

En el libro de Joel, capítulo 2, verso 28, leemos:

*"Y sucederá que después de esto, derramaré mi Espíritu sobre toda carne; y vuestros hijos y vuestras hijas profetizarán, vuestros ancianos soñarán sueños, vuestros jóvenes verán visiones".*

Como creyentes estamos muy animados respecto al derramamiento del Espíritu Santo durante los últimos tiempos. En Hechos,[2] Pedro declara que ese derramamiento ya había comenzado y los cristianos de hoy creemos que estamos viviendo en aquellos últimos días, por lo que este derramamiento[2] ya está ocurriendo alrededor de todo el mundo. Si esto es verdad, ¿qué creemos acerca de los sueños y visiones mencionadas en las Escrituras? Los sueños y las visiones serán una parte importante del derramamiento de los últimos días, John L. Sandford señala: "Los sueños son una de las consecuencias primarias del derramamiento del Espíritu Santo" Ellos son el resultado de la presencia del Espíritu Santo en la humanidad. Con respecto a los ancianos que soñarán, el lenguaje utilizado en este verso tiene la intención de abarcar a todos, tanto a jóvenes como ancianos, todos experimentarán estas cosas, no importando edad ni género. Todos soñaremos, veremos visiones y profetizaremos puesto que el Espíritu de Dios está disponible para aquellos que reciban el don de salvación a través de la obra redentora de Jesús.

Estudiando el Antiguo Testamento encontramos consecuencias similares en las vidas de aquellos en quienes el Espíritu Santo cayó. De igual manera se dijo de José,[3] Daniel,[4] Saúl[5] y los profetas.

---

[2] Sandford, John L., *The Elijah Task*. Tulsa, OK, Victory House Inc., 1977. p.169
[3] Génesis 41:38
[4] Daniel 4:8; 5:11,12
[5] 1 Samuel 10:11-11

¿Nos prometió Dios sueños, visiones y profecías porque pensó que sería entretenido o tendría Él una razón y un plan importante para hacerlo? Los sueños y las visiones eran importantes para la vida y el crecimiento de congregaciones de esos tiempos, y lo siguen siendo en los tiempos que vivimos. ¿Estamos equipando a las personas llamadas a ser el cuerpo de Cristo para guiar cada faceta de este derramamiento o sólo aquella porción con la cual nos sentimos cómodos? ¿qué pasa con los sueños y visiones que nos hacen sentir incómodos? ¿tenemos miedo de escuchar a Dios como lo tuvieron los israelitas de Exódo 20:18-19?

*"Y todo el pueblo percibía los truenos y relámpagos, el sonido de la trompeta y el monte que humeaba; y cuando el pueblo vio aquello, temblaron, y se mantuvieron a distancia. Entonces dijeron a Moisés: Habla tú con nosotros y escucharemos; pero que no hable Dios con nosotros, no sea que muramos".*

En ese tiempo Dios se presentó a sí mismo como el Dador de la ley que había entregado a Moisés y Aarón frente al pueblo. Este mismo Dios nos habla hoy a través de Su hijo, Jesús, no a través de ordenanzas sino a través de gracia, misericordia y amor, pues Jesús cumplió los requerimientos de estas ordenanzas a través de Su vida, muerte, sepultura y resurrección. Sí, se espera que caminemos en armonía con la ley, pero aún este requerimiento está siendo cumplido en nosotros por Su Espíritu Santo. Cuando Él nos habla hoy, lo hace como nuestro Padre, porque no sólo fuimos salvados de las consecuencias de nuestro pecado, sino que Él también nos adoptó para ser sus hijos e hijas con todos los derechos y privilegios correspondientes a sus hijos. Él nos trajo a una relación con Él mismo, razón por la cual Él puede caminar con nosotros, acompañarnos, relacionarse con nosotros, hablarnos incluso a través de cuadros, imágenes y símbolos en sueños y visiones.

## Más que Mil Palabras

¿Cómo nos habla Dios hoy? Salmo 8:1 dice:

*"¡Oh Señor, Señor nuestro, cuán glorioso es tu nombre en toda la tierra, que has desplegado tu Gloria sobre los cielos! ¿Cómo puede "toda la tierra" desplegar el esplendor de Dios?"*

¿Ha observado la belleza de una rosa, el vuelo de un colibrí mientras bebe el néctar de una flor y/o la danza y el canto emitido por una ballena y su cría en el océano?

Éstas y millones de otras escenas similares son el eco de los hechos creativos de Dios en el comienzo de los tiempos. Estas imágenes declaran la asombrosa majestad y gloria de nuestro Dios. La declaran aún si nadie escucha o ve. Éstas son imágenes de la deidad. La naturaleza nos habla de Dios por medio de un lenguaje de imágenes – el mismo lenguaje utilizado en nuestros sueños y visiones. No es un lenguaje difícil; es un lenguaje que podemos aprender, es un lenguaje de imágenes y una imagen tiene "más que mil palabras".

## Silencio o Censura

Dios, nuestro Padre, le ha hablado a la humanidad de varias maneras, incluidos los sueños y las visiones, a través de todo el registro de la historia y aún lo hace hoy. Desde el comienzo en Génesis hasta el final de Apocalipsis, Él ha demostrado ser un Dios que habla. A los israelitas se les recordó su promesa de caminar en los caminos de Dios, mantener sus estatutos, mandamientos, ordenanzas y *"escuchar Su voz."*[6]

Dios nos creó para que nos relacionemos con Él y con quienes nos rodean. Tanto los diez mandamientos, mencionados anteriormente, como todos los detalles de la ley de Moisés son temas de relaciones. Jesús resumió todas sus demandas:

---

[6] Deuteronomio 26:17

*"Y Él le dijo: AMARAS AL SEÑOR TU DIOS CON TODO TU CORAZÓN, Y CON TODA TU ALMA, Y CON TODA TU MENTE. Este es el grande y el primer mandamiento. Y el Segundo es semejante a éste: AMARAS A TU PRÓJIMO COMO A TI MISMO. De estos dos mandamientos dependen toda la ley y los profetas" (Mateo 22:37-40).*

La comunicación – fresca y oportuna – es una parte muy importante de cualquier relación. Una llamada de teléfono intensifica el efecto de las cartas recibidas, como muy bien lo saben todos quienes tienen una relación a larga distancia. Las cartas y las llamadas telefónicas nos sostienen hasta que nos volvemos a reunir.

En 1 Tesalonisenses 5:17, Pablo nos amonesta a "orar sin cesar". Orar es un diálogo, una comunicación en dos vías, no en una sola dirección como en un monólogo. Nosotros le preguntamos a Dios y Él nos responde. Él nos habla y nosotros le respondemos. Por cierto que esperamos una respuesta cuando oramos. Dios tiene cosas que decirnos y hay cosas que a veces necesitamos escuchar, aunque no hayamos hecho la pregunta.

Jesús dijo, "Mis ovejas conocen mi voz"[7] – ¡comunicación! Él desea comunicarse, animarnos, aconsejarnos y pedirnos que hagamos cosas por Él. ¿Nos está llamando la voz del pastor, nos está pidiendo que bebamos del agua quieta, nos está diciendo que pastoriemos o descansemos aquí, que nos alejemos de esto o aquello, o que lo sigamos según nos guía tal vez en diferente dirección o hacia un nuevo pasto?

En Juan 16:13, leemos las palabras de Jesús:

*"Pero cuando Él, el Espíritu de verdad, venga, os guiará a toda la verdad, porque no hablará por su propia cuenta, sino que hablará todo lo que oiga y os hará saber lo que habrá de venir".*

---

[7] Juan 10:27

*"hablará"*. La palabra griega utilizada en este contexto es *laleo* y se refiere a hablar utilizando la lengua. Es interesante ver que la raíz de la palabra *laleo* proviene de la palabra *lalos* que significa *"hablador"*. ¿Le da todo esto una idea de lo que es relación o comunión?

## El derramamiento

A través del profeta Joel, Dios dice:

> *"Derramaré mi Espíritu sobre toda carne; y vuestros hijos y vuestras hijas profetizarán, vuestros ancianos soñarán sueños, vuestros jóvenes verán visiones" (Joel 2:28)*

Este versículo puede ser entendido al leer: *"Yo derramaré mi Espíritu sobre toda la humanidad; y provocaré que vuestros hijos e hijas profeticen; provocaré que vuestros ancianos experimenten sueños; provocaré que vuestros jóvenes vean visiones"*[8]

Pensar en este derramamiento me hace recordar las dificultades que Pablo tuvo para responder a los creyentes de Corinto con respecto a su entusiasmo por los dones del Espíritu. Ellos habían sido instruidos (guiados, enseñados) en la función y uso ordenado de los dones entre los creyentes. Lo mismo puede ser el caso entre los creyentes hoy respecto a los sueños. Él nunca sugirió no usar los dones, de hecho, Él los instó a "desear fervientemente los dones espirituales".[9]

Estamos conscientes de los problemas y dificultades que congregaciones locales podrían – y probablemente tendrán que – enfrentrar como "nuevos bebés" que aprenden a caminar en esta área de los sueños y visiones. ¿Es muy diferente al entendimiento que los padres tienen cuando sus bebés se determinan a caminar? Sabemos de los machucones y moretones que tendremos que masajear y besar. Sabemos que

---

[8] Joel 2:28
[9] 1 Corinthians 14:1

se tropezarán y caerán muchas veces. Sabemos que se pueden golpear su mentón y sangrar cuando un nuevo diente rompa sus encías. Se les caerán cosas y se les quebrarán. Habrá nuevos conflictos con los hermanos en la medida que el bebé comienza a recorrer el lugar. Sabemos que eso es parte del proceso de aprendizaje para caminar, por lo que los acompañamos, los observamos, nos preparamos para tomarlos al caer o levantarlos cuando no hemos podido evitarlo. Estamos listos para ayudarlos cuando es necesario – y será necesario – ya que ellos deben aprender a caminar. ¡Nunca les impediríamos caminar! Sabiendo que estas cosas podrían ocurrir en las congregaciones también, ¿debemos evitar hablar acerca de los sueños, o debemos prepararnos para ayudar?

Tal vez es tiempo de despertar en aquellos llamados a reunirse… ¡las bendiciones y beneficios de los sueños y visiones!

## 2 Definiendo sueños y visiones

Si vamos a considerar en forma seria los sueños y las visiones, debemos establecer un fundamento basado en el uso bíblico de estas palabras.

El significado de las palabras *sueño* y *visión* difiere hoy. A menudo la palabra sueño se utiliza para referirse a una *esperanza futura* o a un *anhelo*, como por ejemplo en las expresiones 'un hogar soñado', 'unas vacaciones de ensueño', o 'un sueño hecho realidad'. En cambio la palabra *visión* a menudo se utiliza para describir a alguien previsor como en *'su visión del futuro'* o *'su visión de la compañía'*. En ambos casos, los significados están faltos del aspecto espiritual que originalmente se les atribuyó. En este libro, nosotros utilizamos las palabras *sueños* y *visiones* para describir los medios que Dios utiliza para entregar mensajes a las personas.

El apéndice de este libro provee un "Estudio de Palabras Clave" que menciona las palabras utilizadas tanto en el Antiguo como en el Nuevo Testamento relacionadas a sueños y visiones. Por favor revise esta sección y observe cómo varias de estas palabras son definidas y utilizadas en las Escrituras. Según mencionamos versículos a lo largo del libro, incluiremos transliteraciones griegas y hebreas que se aplican a estos versos. Esto hará más fácil relacionar la palabra con su significado en la sección de Palabras Clave.

### Sueños

Obviamente la primera palabra para estudiar es "sueño". La Biblia no nos entrega instrucciones acerca de alguna ceremonia o procedimiento requerido para soñar adecuadamente (o para recibir visiones), no se menciona nada respecto a posturas aceptadas y nada nos instruye en cuanto a cómo comenzar a experimentarlos. Los sueños sólo ocurren, mayoritariamente en la noche, pero siempre cuando estamos dormidos y no tenemos control sobre ellos.

Los investigadores han encontrado que los sueños ocurren durante la fase MOR (movimiento ocular rápido) del nivel alfa del sueño. Período que experimenta pausas y aumento de longitud durante la noche. El soñar parece ser importante para nuestro bienestar físico y emocional, según algunos investigadores han concluido, incluso, que experimentar algunos días sin pasar a través de la fase de sueño al dormir podría ocasionar un gran colapso mental.[10] Podemos no recordar todo acerca de nuestros sueños, pero sin duda soñamos – debemos soñar.

La siguiente es la definición de sueño otorgada por la Enciclopedia Británica:

> *... una experiencia alucinatoria que ocurre mientras se duerme. Soñar, fenómeno distintivo y común del dormir, desde el inicio de la historia humana ha dado lugar a innumerables creencias, temores, y conjeturas, tanto imaginativas como experimentales, respecto a su misteriosa naturaleza. Aunque cualquier esfuerzo por clasificarlos debe estar sujeto a insuficiencias, creencias que dicen que los sueños tienen varias clasificaciones dependiendo si los sueños se consideran un reflejo de la realidad, fuente*

---

[10] Al término de su exposición en la reunión del año 1960, en la Asociación Americana de Psiquiatría, el Dr. Dement dijo: "Creemos que si una persona es privada de tener sueños por mucho tiempo, esto podría provocar algún tipo de caos en la persona" —Sanford, John A., Dreams: God's Forgotten Language, New York, New York, HarperCollins, 1989, p. 121.

*de adivinación, experiencias curativas o evidencia de actividad inconsciente.*[11]

El sueño, como se sugiere, es un derivado natural del dormir. Dios tenía Su razón para crearnos con la necesidad del proceso de sueño mientras dormimos, tal vez para nuestro bienestar físico y emocional, un proceso que Dios visita a veces, para comunicarse con nosotros. Luego veremos que no todos los sueños son una comunicación directa de Dios.

Algunas personas se quejan porque creen que no sueñan y, tal vez, sería más exacto decir que no se acuerdan de sus sueños. Esto puede ser irrelevante cuando se trata de sueños que son el resultado de procesos naturales, sin embargo, hay sueños con mensajes que son importantes de recordar y retener. En el capítulo "Problemas para Soñar", hemos mencionado algunos pensamientos y acciones que pueden ayudar al proceso de soñar a quienes piensan que no sueñan o que tienen dificultad recordando sus sueños en la mañana.

Como resumen entonces podemos decir que los sueños son una secuencia de imágenes, símbolos, sonidos y emociones que pueden tener significado y propósito y que vienen a nosotros mientras dormimos. En los capítulos que siguen, estudiaremos un esquema para entender estas imágenes, símbolos, sonidos y emociones en aquellos sueños que tienen mensajes.

## Visiones

*Visión: Yo (Steve) estaba observando una ciudad cubierta de tinieblas. En medio de la ciudad había un edificio alto y triangular. En el techo de este edificio había la mueca de una sonrisa loca que me sonreía. Luego me giré para ver el plato que me ofrecían. En el plato había un par de calcetines que tenían símbolos cristianos. Me giré nuevamente para mirar*

---

[11] "Sueño" Enciclopedia Británica 2001 Edition de Lujo CD-ROM. Copyright © 1994-2001 Britannica.com Inc.

*la ciudad, pero ya ésta no estaba allí, entonces me encontré mirando hacia una pared en mi casa.*

No pude entender el significado de esta visión por muchos días – hasta que estuve en Canberra, capital de Australia. Ocurrió que estaba mirando como una bandera flameaba con la brisa, cuando de pronto vi el edificio triangular con esa sonrisa. Esta imagen representa al centro de la ciudad de Canberra. Como parte del esquema de la ciudad se encuentran las figuras de un compás y una escuadra, ambos símbolos masónicos. El edificio del parlamento se encuentra ubicado en el vértice del compás, las piernas del compás corresponden a dos de las principales calles (el edificio triangular en mi sueño), y los lagos (en mi sueño la mueca con apariencia alocada) representan la escuadra. Los calcetines pueden indicar que Dios hace que sea posible para nosotros entrar a la ciudad de manera sigilosa (en nuestros calcetines) como participando de un tour pero con autoridad (los símbolos cristianos) para orar por la ciudad de Mount Ainslie, un punto alto (como en el sueño). Eso fue lo que hicimos durante la segunda tarde de nuestra visita a esa ciudad. Al día siguiente pudimos visitar el interior del edificio del parlamento con un permiso que sólo había sido otorgado una vez antes en su historia. Debe haber mucho aún por comprender con respecto a los calcetines.

Las visiones son similares a los sueños. Ellas, también son una secuencia de imágenes, símbolos, sonidos y emociones que pueden tener significado, ser claros y tener propósito. Se puede experimentar estas imágenes durante el día o la noche como una visión que irrumpe un momento de tiempo mientras estamos despiertos. En los siguientes versos de las Escrituras veremos cómo ambos términos son utilizados:

*"Huye como un sueño* [chalom]*, y no lo pueden encontrar, y como visión* [chizzayon] *nocturna es ahuyentado" (Job 20:8).*

*"Y será como un sueño* [chalom]*, una visión* [chazown] *nocturna, la multitud de todas las naciones que combaten*

*contra Ariel, todos los que combaten contra ella y su fortaleza, y los que la afligen" (Isaías 29:7).*

*"...por la noche se le mostró a Pablo una visión* [horama]: *un hombre de Macedonia estaba de pie, suplicándole y diciendo: Pasa a Macedonia y ayúdanos" (Hechos 16:9).*

Las visiones vienen a nosotros por medio de una interrupción en el tiempo, del mismo modo que los sueños vienen a nosotros por medio del dormir. El trance puede ser definido como "estado semi-consciente caracterizado por una ausencia de respuesta al estímulo externo."[12]

La palabra traducida *trance* es la palabra griega *ektasis* utilizada por Lucas para describir la visión que tuvo Pedro camino a Jope acerca de animales impuros[13] y la visión de Pablo en la cual se le advirtió que abandonara Jerusalén.[14] Aunque puede haber sido una traducción aceptable en los tiempos del Rey Jacobo, hoy tiene una connotación negativa y, por lo tanto, preferimos sugerir que las visiones vienen como una intrusión directa en el tiempo. La palabra griega *ektasis*, sería mejor traducida como *más allá de mi mismo*, o como Juan escribe, *en el espíritu*.[15] En ambas circunstancias, la visión es el detalle importante y no la manera en que la visión vino.

La visión debe provenir de Dios y no como consecuencia de nuestros esfuerzos o por ser inducida de manera externa. Muchos grupos religiosos inducen a las personas a tener la experiencia de una visión por medio de la "meditación, bioreacción, hypnosis y uso de drogas"[16] capacitándolos para recibir comunicación directa de aquellos espíritus que los

---

[12] "Trance". *Diccionario New Oxford de Inglés*. © Oxford University Press 1999
[13] Hechos 10:10
[14] Hechos 22.17
[15] Apocalípsis 1:10, 4:2, 17:3, & 21:10
[16] Consciencia, estado de". Microsoft® Encarta® Enciclopedia 2000. © 1993-1999 Microsoft Corporation. Todos los derechos reservados

merodean o aquellos que se cree serían sus ancestros. Creemos que estos tipos de inducción pueden exponer al individuo a la influencia demoníaca – una situación que sería mejor evitar. Cuando la visión es acerca de lo que Dios está haciendo, hay protección de toda influencia no deseada.

Estar en el espíritu no es lo relevante, es sólo la acción, así como también lo es el dormir, acción por medio de la cual vienen la visión y el sueño. Pronto estudiaremos los principios para entender las imágenes y símbolos de las visiones y sueños.

En resumen, las visiones son una secuencia de imágenes, símbolos, sonidos y emociones que conllevan significado, claridad y propósito y que vienen a nosotros por medio de un enlace directo con nuestro espíritu.

### Imágenes proféticas

Frecuentemente, al orar por otros, quien ora puede recibir un mensaje en forma de imagen en su mente. Algunos consideran esto como una visión mientras que para otros es un mensaje profético. Cualquiera sea el caso, estas imágenes podrían ser consideradas como un sueño 'objetivo' o una visión. El término 'objetivo' será definido en el capítulo denominado 'Categorías y Tipos de Sueños'. En estos casos le sugerimos simplemente describir la imagen a la persona por la cual ora y dejar que ella misma la interprete.

### Conclusión

A modo de hacer el estudio simple, nos referiremos generalmente a 'sueños' ya que parecen ser más comunes, aunque, para la ilustración ocasional, utilizaremos 'visión' para llamar la atención hacia cierto aspecto o para sacar conclusiones. Los mensajes que vienen a nosotros como sueños o como visiones son similares así como lo son los principios que se aplican a ellos. Ambos son secuencias de imágenes, símbolos, sonidos y emociones con significado, claridad y propósito. Estos son mensajes que experimentamos durante la noche como un sueño mientras dormimos o durante el día o noche como una visión. La Biblia nos da ejemplos cuando, por urgencia, el mensaje del sueño o la visión no llega como imágenes, sino como una instrucción verbal directa. En estos casos, no se requirió interpretación, sino un actuar inmediato.

Clarificar los términos para los sueños y visiones puede ser algo insignificante si no consideramos los sueños y su importancia como parte de nuestra vida cristiana. Los sueños de hecho han perdido el respeto con que se les consideraban por razones que esperamos desafiar en los siguientes capítulos.

# 3 La Muerte de los Sueños

Según leemos el Antiguo Testamento, es evidente que algunas personas consideraban seriamente los sueños y se esforzaban en entender su significado. Uno de ellos, era rey y tuvo un sueño que cuando despertó en la mañana, no pudo recordarlo. Esto puede ser muy frustrante cuando tomas con seriedad los sueños que experimentas, pero, como era rey, tuvo una solución.

*"El rey respondió y dijo a los caldeos: Mis órdenes son firmes: si no me dais a conocer el sueño* [chelem] *y su interpretación, seréis descuartizados y vuestras casas serán reducidas a escombros" (Daniel 2:5)*

Parece ser muy claro que el rey estaba seriamente buscando el significado del sueño. ¿Qué ha hecho que nuestra perspectiva de los sueños cambie? ¿Por qué, en nuestra cultura occidental, nuestra estima por los sueños ha disminuido a niveles mínimos como los que experimentamos hoy?

## Estrategias del Enemigo

La fuerza de cualquier ejército se basa en la unidad de propósito, estrategia y esfuerzo. Los ejércitos romanos eran conocidos por una estrategia particular – dividir y conquistar. Al dividir al ejército enemigo en pequeños grupos que estuvieran faltos de unidad, hacía que fuese más fácil conquistar en forma sistemática a los grupos más pequeños. La estrategia militar moderna continúa siendo la misma.

Ha sido interesante observar las estrategias de los ejércitos modernos durante los conflictos de estos últimos años. Hemos observado numerosos conflictos, particularmente contra Irak y Afganistán. Mientras observábamos la cobertura televisiva acerca de "La Guerra contra el Terror" por CNN, vimos que entre los primeros objetivos del ataque estaba el destruir y/o desorganizar las redes de comunicación del enemigo:

> *"Secretario de Defensa Donald Rumsfeld y Gen. Richard Myers, presidente de la Junta de Jefes de Estado, dijo que los ataques buscaban eliminar el dominio talibán y control de los bienes, obstruir sus comunicaciones y entorpecer su habilidad para montar operaciones militares coordinadas".*[17]

¿Por qué es de tan alta prioridad la destrucción de los sistemas de comunicación en el conflicto militar? Es parte de la estrategia de *dividir y conquistar.*

Al destruir los sistemas de comunicación de su oponente, destruyes su unidad, cohesión, y su conexión con quienes pudieran ser un potencial apoyo. Antes que enfrentar a un gran ejército enemigo unido por la habilidad de comunicarse con un comando central, ahora enfrenta pequeños grupos de resistencia con diferentes objetivos – usualmente, sus propias necesidades inmediatas. Así, utilizando bombas de precisión y misiles guiados por láser, se destruyeron las torres de la red de comunicación, la radio y las estaciones de radiodifusión. El resultado dejó grupos aislados de enemigos a través de todo el país, preparados para pelear pero sin poder comunicarse con su líder. Esto transforma la batalla en pequeños conflictos que deberán ser enfrentados sólo si se estima necesario o conveniente.

Nosotros, también, tenemos un enemigo contra el cual luchamos:

---

[17] Archivos CNN; Octubre 8, 2001 Publicado: 3:36 PM EDT (1936 GMT)

*"Porque nuestra lucha no es contra sangre y carne, sino contra principados, contra potestades, contra los poderes de este mundo de tinieblas, contras huestes espirituales de maldad en las regiones celestiales" (Efesios 6:12).*

Este enemigo podría tener el mismo objetivo y estrategia en su guerra contra los miembros y congregaciones dentro del cuerpo de Cristo. Al desorganizar, desbaratar o desvirtuar los sistemas de comunicación dentro del cuerpo, nos transformamos en pequeños grupos aislados de creyentes, denominaciones enfocados en sus necesidades y sin la habilidad de recibir instrucción desde el comando central – el Señor Jesucristo. Nuestro enemigo ha sido capaz de reducirnos a pequeños grupos aislados de resistencia. Alrededor de todo el mundo, hoy en día, tenemos pequeños grupos aislados de resistencia sin ningún esfuerzo unificado. ¡Debemos reestablecer nuestros sistemas de comunicación!

Uno de nuestros medios de comunicación con Dios ha sido los sueños y las visiones. A través de toda la Biblia, desde Génesis hasta Apocalipsis, Dios ha hablado a su pueblo a través de sueños y visiones. Se ha estimado que cerca de dos tercios de nuestra Biblia involucra o es afectada por sueños y visiones. Éstos no sólo han jugado un rol importante en el pasado, sino que Dios ha prometido continuar utilizándolos en los últimos días.

*"Y sucederá que después de esto, derramaré mi Espíritu sobre toda carne; y vuestros hijos y vuestras hijas profetizarán, vuestros ancianos soñarán sueños, vuestros jóvenes verán visiones" (Joel 2:28)*

Esta profecía fue utilizada por Pedro[18] para explicar a aquellos que estaban a su alrededor lo que había ocurrido a los 12 discípulos reunidos en Jerusalén. Sus palabras fueron… "esto es lo que fue dicho por medio del profeta Joel" (Hechos

---

[18] Hechos 2:17

2:16). Este fue el derramamiento del Espíritu Santo al que el profeta, Joel, se refirió; ocurrió y ha estado ocurriendo desde el día de Pentecostés. ¿Qué esperamos ver cuando el Espíritu Santo sea derramado sobre toda la humanidad?

- Vuestros hijos y vuestras hijas profetizarán;
- Vuestros jóvenes verán visiones;
- Vuestros ancianos soñarán sueños.

Parece haber algo para todos. Estas cosas son el resultado inmediato del derramamiento del Espíritu Santo en las vidas del pueblo de Dios, su ejército y los ciudadanos de su reino. ¿Será que Dios prometió los sueños y las visiones porque pensó sería divertido o entretenido; o será que tuvo alguna razón importante para hacerlo? ¿podría ser inclusive una razón crucial?

¿Cómo se transforma esto en nuestro método de comunicación con el comando central? Leemos en Juan 16:13:

*"Pero cuando Él, el Espíirtu de verdad, venga, os guiará a toda la verdad, porque no hablará por su propia cuenta, sino que hablará todo lo que oiga, y os hará saber lo que habrá de venir".*

Éste y otros versículos nos informan de las cosas que el Espíritu Santo hará como resultado de Su derramamiento. Él te guiará y te hará saber lo que habrá de venir. Esto puede incluir estrategias de batalla.

¿Cómo nos guiará y hará saber? La Biblia juega un rol principal, aunque la Biblia no fue capaz de decirle a Pedro que fuera y compartiera el mensaje del evangelio con los gentiles de Cesarea, ni pudo decirle a Pablo que se dirigiera a Macedonia en el siguiente tramo de su viaje, ni pudo haberle dicho a José que estaba bien si él tomaba a María como su esposa. Necesitamos que la instrucción tanto como las directrices estén actualizadas. No se puede ganar ninguna batalla siguiendo las órdenes o directrices que se establecieron un mes o un año atrás. Éstas necesitan ser frescas y actuales para ser efectivas o, mejor aún, para tomar ventaja de los planes del enemigo.[19]

Nuestro enemigo ha sido muy efectivo en destruir y desacreditar los sueños y las visiones como un método de comunicación con nuestro Jefe Supremo. Muchos de nosotros hemos dado paso al imaginarnos, suponer o conjeturar la dirección y voluntad de Dios para nuestras vidas y nuestras congregaciones. ¿Quién puede conocer la mente de Dios sino el Espíritu de Dios?... "nadie conoce los *pensamientos* de Dios, sino el Espíritu de Dios" (1 Corintios 2:11).

¿Deseamos ser una fuerza efectiva en este mundo? ¿Deseamos ser una fuerza unificada que afecte a los habitantes de este mundo? Debemos estar en contacto con la mente y los pensamientos de Dios. Necesitamos escuchar sus directrices, sus órdenes para avanzar. Necesitamos aprender a utilizar los sistemas de comunicación de nuestro Reino. Necesitamos enseñar a los soldados bajo nuestro cargo a cómo recibir instrucción. También necesitamos obedecer las directrices que recibimos. Sólo entonces seremos un pueblo unido bajo el liderazgo de nuestro Jefe Supremo, Jesucristo.

Los siguientes son algunos factores que muestran cómo nuestra estima por los sueños ha sido destruida.

## Circunstancias de la muerte de los sueños

### Ciencia

La ciencia ha tenido un profundo efecto sobre el cómo consideramos los sueños. Mucha de la ciencia está originada en el pensamiento griego de hombres como Platón, Aristóteles e Hipócrates. Platón (427-347AC) enseñaba que los seres humanos podían obtener conocimientos por medio de tres fuentes: la razón, sus cinco sentidos, y fuentes espirituales. Él consideraba la dimensión espiritual, pero los pensadores, de ahí

---

[19] 2 Reyes 6:8

en adelante, pasaron a ser fuertemente humanistas. Por ejemplo, Aristóteles (384-322AC), alumno de Platón, enseñó que los sentidos y la razón eran los únicos medios por los cuales podíamos adquirir conocimiento. Hipócrates (460-377AC), el fundador de la medicina moderna, vio los sueños como algo meramente parte de los procesos del cuerpo. El desmedro en la estima por los sueños es evidente.

## El Mundo

El siglo de las luces es una fase utilizada para describir un tiempo alrededor de los años 1800 cuando cualquier cosa que la ciencia o el pensamiento lógico no pudiera explicar tendía a ser rechazado por la sociedad. Muchos creyeron que este movimiento fue una reacción contra el control que la 'Congregación' Institucional ejerció sobre las mentes y el actuar de las personas. Desgraciadamente, la reacción a cualquier cosa a menudo nos lleva muy lejos en la dirección opuesta. La sociedad de las luces despojó a la 'Congregación' Institucional de su influencia y llevó todo hacia la razón (pensamiento lógico) y los sentidos. Hoy, el racionalismo lucha por mantener el control de nuestras mentes o, más exactamente, es la fachada en esta pelea y no nuestro real enemigo como leímos anteriormente (Efesios 6:12).

## Sigmund Freud

Freud (1856-1939), médico y fundador del sicoanálisis moderno, sugirió que los sueños son el producto de conflictos inconscientes en los impulsos y conductas sexuales de la niñez. Una persona adulta con una mente madura y la ayuda de un especialista podría reconocer y resolver estos conflictos que una mente infantil no podría.

## Carl Jung

Jung (1875–1961), siquiatra suizo y fundador de la sicología analítica, sugirió que los sueños eran el resultado de conflictos emocionales inconscientes causados por un desequilibrio entre su naturaleza femenina y masculina (animus/anima). Él también enseñó que los animales en los sueños representaban nuestros conflictos emocionales no resueltos. Los sueños fueron considerados como un proceso naturalista.

El soñar, para Jung, representa un fluir contínuo de 24 horas de actividad mental que aflora en estado de sueño cuando las condiciones son apropiadas, pero que afecta el despertar cuando la conducta de la persona niega elementos imporantes de su verdadera personalidad.[20]

## La Nueva Era

El movimiento multifacético de la Nueva Era, abraza desenfrenadamente a los sueños como una forma de comunicación con el nivel más alto de consciencia y/o espíritus guías. En la sección de la Nueva Era en cualquier librería secular se encuentra convincente evidencia de esto. ¿Es que el hecho que los seguidores de la Nueva Era hayan incorporado "los sueños y todo lo relacionado a ellos" a sus doctrinas significa que los cristianos deberían evitar este tema? Parecemos haber abandonado el arcoiris – señal del pacto de Dios con la humanidad - en manos de los adherentes a la Nueva Era, ¿debemos también abandonar los sueños?

## Actitudes Culturales

Nuestra cultura refleja nuestra actual actitud hacia los sueños cuando decimos frases como "en tus sueños" o "sueña" y otras que menoscaban nuestra estima por los sueños. ¿Qué tan a menudo te han dicho: "todo está bien ahora, sólo estabas soñando" o por ejemplo "olvídalo, sólo era un sueño"? Estas frases son un indicador de la poca estima que le tenemos a los sueños. Algo de esta baja estima proviene de nuestra

---

[20] "Teoría del Sueño" Británica 2001 Edición de Lujo. CD-ROM ©1994-2001, Britannica.com Inc.

ignorancia e impaciencia en el estudio y aprendizaje del lenguaje de los sueños.

## Asamblea de Creyentes

¿Cuándo ha escuchado una prédica acerca de los sueños y la posibilidad de soñar?, ¿cuántos institutos bíblicos ofrecen un curso acerca de interpretación de sueños?

¿Qué pasó con los sueños en la vida de los creyentes? Herman Riffel escribe:

*Otra influencia dañina contra el observar los mensajes de los sueños proviene a través de una traducción errónea de una palabra por parte de Jerome en el latin común. Tanto en Deuteronomio 18:10, como en Levíticos 19:26 y 2 Crónicas 33:6 se nos dice que no debemos practicar hechicería. Jerome tradujo la palabra hebrea para "hechicería" como sueños. A partir de este serio error en la traducción, la iglesia Católica Romana enseñó que no debemos poner atención en los mensajes que traen los sueños, lo que ha influenciado fuertemente a los cristianos como un todo.*[21]

Esta errónea traducción habría llevado a los líderes cristianos a prohibir cualquier práctica referente a los sueños. Las consecuencias de estudiar acerca de este tema serían las mismas que se asocian con la hechicería:

*"Porque cualquiera que hace estas cosas es abominable al Señor; y por causa de estas abominaciones el Señor tu Dios expulsará a esas naciones de delante de ti" (Deuteronomio 18:12).*

La consideración por los sueños se ha quedado en la mirada del mundo secular pues la sicología enseña que son sólo un

---

[21] Riffel, Herman. Dream Interpretation. Shippensburg, PA: Destiny Image Publishers, 1993, p. 12.

proceso sicológico humano natural. Por lo tanto, no hay nada sobrenatural o espiritual acerca de ellos.

Los cristianos han sido inducidos a creer que la sicología humana y las cosas relacionadas a los sueños son difíciles de comprender para quienes no han sido preparados. Es mejor dejar todo este tema a aquellos que han estudiado y se han preparado – los "profesionales".

Los cristianos deberían reclamar esta área de ministerio.

## Conclusión

¿No es de extrañarse que apenas consideremos los sueños?, más aún, cuando despertamos de haber tenido un sueño vívido, estamos llenos de fascinación, curiosidad y de una sensación de querer saber el significado o mensaje de este sueño. A pesar de la poca estima que le tenemos a los sueños, aún nos interesa entenderlos. El primer paso en satisfacer nuestra curiosidad por los sueños se encuentra en volver a desarrollar nuestra estima por los sueños. Creemos que tener una estima adecuada por los sueños es crucial para nuestro bienestar individual y corporativo.

# 4 Volviendo a valorar los sueños

Nuestra baja estima por los sueños, como lo desarrollamos en el capítulo anterior, no debería ser una sorpresa. Ha sido parte de nuestra manera de vivir por muchos años. Nosotros queremos revertir esta tendencia y animarlo a escuchar de Dios en una manera más personal en su caminar diario con Él. Déjeme darle un ejemplo:

> Sueño: *Yo estaba viajando y fui a un motel. Al entrar a mi habitación me di cuenta que habían arreglado en forma de círculo cinco vasos. Reconocí que esto era un símbolo de una reunión de brujas. Me acerqué y cambié de posición los vasos para romper el círculo.*

Los días previos a este sueño, habíamos estado viajando y, en dos ocasiones, yo (Steve) experimenté en forma repentina náuseas y fiebre. La mañana siguiente, todo malestar se había ido, pero regresó nuevamente en la tarde. Esto ocurrió dos veces en diferentes localidades y llamó mi atención. Nosotros tenemos por costumbre orar por las habitaciones de los hoteles en que nos hospedamos, ya que desconocemos que ocurrió en ellas antes de nuestra llegada. John L. Sanford escribe:

> *Un misionero que regresaba del Lejano Este me informó que ya era común para una familia china que se iba de viaje, solicitar que una familia cristiana se quedara habitando su casa mientras ellos estaban fuera, especialmente si hubiese ocurrido una muerte en la familia. Ellos sabían que a su regreso, el*

*ambiente en su hogar estaría limpio debido a las oraciones de los cristianos.*[22]

Mi sueño nos recordó de la importancia no sólo de orar por la habitación al ingresar por primera vez, sino también después de cada servicio de aseo (los cinco vasos). Nunca hemos encontrado cinco vasos en alguna habitación, pero para mí, y en el sueño, estos representaban al servicio de aseo diario. Inmediatamente cambiamos nuestra rutina y comenzamos a orar diariamente por la habitación, como respuesta al mensaje recibido en el sueño, no tuvimos más problemas. ¿Se acabaron los problemas porque respondimos al mensaje del sueño?

Nosotros le damos gran valor a nuestros sueños y esto aumenta en la medida en que tomamos conciencia que Dios sí nos habla a través de sueños.

¿Cuáles son algunas de las referencias más convincentes en la Biblia acerca de escuchar a Dios a través de sueños? Tal vez la más convincente podría ser la promesa que ya citamos en Joel 2:28.

El efecto directo de la presencia del Espíritu Santo en nuestras vidas será que profetizaremos, soñaremos sueños y veremos visiones.

Jesús nos dijo que cuando el Espíritu Santo venga, Él hablará lo que escucha, nos hablará de eventos futuros y nos dará a conocer aquellas cosas que pertenecen a Jesús y al Padre.

> *"Pero cuando Él, el Espíritu de verdad, venga, os guiará a toda la verdad, porque no hablará por su propia cuenta, sino que hablará todo lo que oiga, y os hará saber lo que habrá de venir" (Juan 16:13).*

Es tiempo de volver a valorar los sueños y prepararnos para escuchar lo que el Espíritu nos dice individual y

---

[22] Sanford, John L. Deliverance and Inner Healing, Grand Rapids, Chosen Books, p.206

corporativamente. ¿Podría ser que, en su corazón, Dios desee hacer más por nosotros en nuestro caminar por fe, nuestra santificación y nuestra sanación utilizando sueños y visiones? ¿Será el deseo de su corazón tener una relación más cercana con nosotros de lo que hemos estado conscientes o incluso hemos imaginado hasta ahora?

A través del estudio de cómo Dios ha usado los sueños a través de toda la historia bíblica entregando estrategias e información importante deseamos fomentar la consideración por los sueños.

## Dios enseña acerca de los sueños en la Biblia

La Biblia es nuestra primera fuente para conocer a Dios, sus caminos, y su verdad. No es sólo un libro de historia; la palabra es viva y eficaz.

*"Porque la palabra de Dios es viva y eficaz, y más cortante que cualquier espada de dos filos; penetra hasta la división del alma y del espíritu, de las conyunturas y los tuétanos, y es poderosa para discernir los pensamientos y las intenciones del corazón" (Hebreos 4:12).*

La Biblia es el patrón a través del cual evaluamos nuestros pensamientos e intenciones. También es el patrón a través del cual confirmamos una correcta interpretación de nuestros sueños y la respuesta a los mismos. Lo primero que haremos será aprender lo que Dios nos dice acerca de los sueños y visiones en la Biblia. Luego, estudiaremos algunos de los sueños que aparecen en la Biblia y veremos cómo Dios los usó, en qué tiempo ocurrieron y cómo los receptores de estos sueños respondieron a su mensaje.

¿Qué nos dice Dios acerca de los sueños en la Biblia?

*"Él dijo: Oíd ahora mis palabras: si entre vosotros hay profeta, yo, el Señor, me manifestaré a él en visión*

*[marah]. Hablaré con él en sueños [chalom]".
(Números 12:6)*

*"...y sucederá que después de esto, derramaré mi Espíritu sobre toda carne; y vuestros hijos y vuestras hijas profetizarán, vuestros ancianos soñarán [chalam]sueños [chalom], vuestros jóvenes verán visiones [chizzayon]". (Joel 2:28)*

La Biblia es verdad y nos dice que esperemos tener sueños y visiones (colectivamente sueños) debido a la presencia del Espíritu Santo en nuestras vidas, y nos dice que nos hablará a través de sueños. Como lo señalamos anteriormente, una gran porción de la Biblia nos fue entregada a través de sueños y visiones. A menudo nuestros sueños provienen de Dios. Creemos que Dios, nuestro Padre, nos da estos sueños con un propósito y por cierto Él desea que los entendamos.

## Sueños de la Biblia

Cuando veamos que la Biblia contiene muchos sueños y visiones comenzaremos a considerar en gran manera los sueños. Nuestro entendimiento acerca de escatología (la doctrina del fin de los tiempos) proviene casi en su totalidad de información revelada a través de sueños y visiones. No podemos entender los informes noticieros actuales acerca de eventos que ocurren en el Medio Oriente a menos que tengamos un sólido conocimiento del libro de Génesis, libro en el cual los sueños juegan un rol importantísimo.

Creemos que el estar familiarizados con los sueños de la Biblia nos entregará una mayor comprensión del uso que le da Dios al lenguaje de los sueños. Acompáñenos a estudiar algunos ejemplos de estos sueños.

### Génesis 15:1-6

*"Después de estas cosas la palabra del Señor vino a Abram en visión, diciendo: No temas, Abram, yo soy*

*un escudo para ti; tu recompensa será muy grande... lo llevó fuera, y le dijo: Ahora mira al cielo y cuenta las estrellas, si te es posible contarlas. Y le dijo: Así será tu descendencia. Y Abram creyó en el Señor, y Él se lo reconoció por justicia".*

La importancia y ramificación de esta visión se extiende hasta la eternidad. No sólo con respecto al hecho que nosotros somos incluidos como descendientes de Abram (posteriormente llamado Abraham). Es aquí que por primera vez aprendemos que la justicia viene a través del creer lo que Dios dice[23] y no a través de nuestros esfuerzos. Para Abram no fue algo pequeño en que creer ya que él no tenía descendencia y tanto él como Sara estaban avanzados en edad.

## Génesis 37:5–10

José tuvo dos sueños similares. En el primer sueño, él estaba junto a sus hermanos atando gavillas y vio que su gavilla se levantó y se puso derecha y las gavillas de sus hermanos se pusieron alrededor y se inclinaron hacia su gavilla. En el segundo sueño, José vio el sol, la luna y once estrellas que se inclinaban hacia él. En ambos sueños, las gavillas y las estrellas eran elementos muy comunes y personales en su estilo de vida y las experiencias que él vivía a diario.

Creemos que José pudo no haber conocido el significado o importancia de estos sueños. Sin embargo, sus hermanos y padre conocieron de inmediato lo que querían decir. Los hermanos tomaban en serio en alguna medida los sueños ya que, después de escucharlos, ellos odiaron aún más a José. Ellos pueden haber interpretado los sueños prediciendo que José recibiría una gran porción de la herencia familiar ya que era el hijo que contaba con el favor de Jacob. Cualquiera sea el caso, la muerte aparente de José terminaría con cualquier

---

[23] Romanos 4:3, 20-22, Gálatas 3:6, Santiago 2:23

posibilidad que estos sueños se cumplieran y si lo vendieran como esclavo esto haría que el inclinarse ante él fuese un evento improbable –o aún sería probable? Aunque Jacob estaba indignado con José con respecto al segundo sueño, él conservó las palabras del sueño en su corazón[24] – tal como lo hizo José - por muchos años.[25]

Estos sueños se hicieron realidad exactamente como habían sido interpretados, a pesar que tomó veinte años para que ocurriera. Debemos recordar que el tiempo es importante para nosotros al momento de ser tentados a esperar un cumplimiento instantáneo de nuestros sueños. ¿Sería que Dios plantó esas palabras en el corazón de José de modo que le ayudaran a tener fe y lo sostuvieran a través de los años que estuvo en prisión?

## Génesis 40:5–8

Faraón puso a su panadero y a su copero en prisión por haberlo ofendido, ambos estaban preocupados por su futuro. Una noche, cada uno tuvo un sueño. Ellos prontamente se enteraron que uno de los otros prisioneros tenía el talento de la interpretación de sueños, por lo que se aproximaron a él. Aunque de algún modo los sueños tenían similitudes, sus significados eran diferentes. Cada sueño contenía símbolos que eran personales para cada soñador: el panadero soñó con cestas de pan y el copero, se vio exprimiendo uvas en una copa. Tres sarmientos y tres cestas representaron tres días. Las aves comiendo el pan fueron un símbolo malo para el panadero. Al final, el copero fue restaurado a su posición y el panadero ejecutado, tal como José lo había interpretado. En ambos sueños, quien soñó tuvo un papel activo en el sueño. Esto, aprenderemos, es un sueño subjetivo – acerca y para quien tuvo el sueño.

Después de unos veinte años como esclavo y de estar en prisión, José obtuvo algo de conocimiento respecto a los

---

[24] Génesis 37:1
[25] Génesis 42:9

sueños. Tal vez hubo algo más que hacer a veces. Él consideró los sueños como importantes y reconoció que su origen provenía de Dios.[26] Dios estableció la influencia de José en el mundo a través de la interpretación de estos sueños.

### Génesis 41:1-8

Le correspondió a Faraón el turno de soñar y tuvo dos sueños. En el primer sueño, siete saludables y gordas vacas subieron del Nilo y las siguieron otras siete vacas que eran flacas y feas. Las siete vacas feas y flacas se comieron a las siete vacas saludables y gordas, pero igualmente se conservaron flacas y feas después. En el segundo sueño, siete espigas menudas y quemadas por el viento se comían siete espigas gruesas y llenas y ellas también permanecieron menudas y quemadas. Él mandó a llamar a todos sus hombres sabios; ninguno pudo entender los sueños. El copero entonces recordó su sueño y la promesa que había hecho dos años atrás y le dijo a Faraón acerca de José. Faraón mandó a llamar a José.

*"José respondió a Faraón, diciendo: No está en mí; Dios dará a Faraón una respuesta favourable." (Génesis 41:16)*

Faraón, sin duda un hombre de comercio y para quien el ganado y las espigas eran muy familiares, se vio aproblemado con el término de sus sueños – un escaso retorno de la inversión. Él necesitaba respuestas, y Dios había estado preparando a José para este momento. Los dos sueños – se repetían – asegurando el resultado. Las siete gordas y las siete menudas o flacas eran símbolos que representaban dos periodos de siete años, prosperidad y escasez respectivamente.

Sabemos que el resultado de estos sueños fue importante para la supervivencia de los hebreos. En los sueños, Faraón estaba de pie a orillas del Nilo. Él observaba los hechos en el sueño. Él no estuvo involucrado en el sueño mas que como

---

[26] Génesis 40:8

observador. El sueño no fue acerca de él – fue un sueño objetivo. La escena no era en cualquier río; era en el Río Nilo, importantísimo para Egipto. El Nilo era una fuente de provisión para Egipto. El viento fue retratado como seco y caluroso – provenía del desierto. La sequía provenía del viento solano. Usted conoce el resultado de estos sueños.[27] ¿Se ha preguntado alguna vez cuál hubiese sido el resultado si hubiese sido otro y no Faraón quien recibió estos sueños? ¿habría Faraón respondido en forma tan categórica como lo hizo al mensaje?

Dios utilizó estos dos sueños de manera crucial para la sobrevivencia de Israel y eventualmente para la venida del Mesías prometido.

## Jueces 7:13–15

El Señor usó un sueño de manera diferente: Él le dio este sueño a un soldado madianita, un enemigo de Israel. El sueño mostró que un pan de cebada rodaba hasta el campamento de Medián, golpeando y derribando una tienda. La cebada era utilizada por gente pobre y también como alimento para animales. El ejército de Gedeón pudo haberse considerado a sí mismo como alimento para animal en comparación al tamaño del ejército enemigo. La imagen corresponde a un pequeño pedazo de pan que derribó una gran tienda diseñada para resistir los fuertes vientos del desierto. Esto era algo absurdo – tanto como que el ejército de Gedeón con 300 hombres atacaran los diez mil hombres del ejército enemigo utilizando cántaros de greda vacíos y antorchas. Leemos en estos versos que el madianita que recibió el sueño entendió su significado y lo compartió con un amigo mientras Gedeón escuchaba.

El Señor le pidió a Gedeón reducir su ejército. Cuando Gedeón terminó había reducido su ejército de 32.000 hombres a sólo 300 para pelear contra los innumerables ejércitos de los

---

[27] Génesis 41:47

madianitas y los amalecitas. El propósito de reducir el ejército de Gedeón a 300 hombres era que todos se dieran cuenta que no fue por su propia fuerza que ganaron la batalla. Dios utilizó un sueño que le dió al enemigo para animar al ejército de Gedeón. Ellos fueron victoriosos porque fue el Señor quien pelió la batalla. Dios le dio este sueño a un madianita en la forma en que le permitió a Gedeón escuchar acerca del sueño y de la interpretación de quien tuvo el sueño. El resultado fue muy importante para la motivación de Gedeón y su ejército en una situación tan logísticamente absurda.

**Daniel 7**

Daniel tuvo un sueño lleno de imágenes aterradoras. Él fue muy diligente al escribir el sueño. El sueño era acerca de los cuatro vientos del cielo agitando el mar; cuatro bestias diferentes una de otra, salían del mar. La primera era como un león y tenía alas de águila. Mientras él miraba, las alas le fueron arrancadas y se paró como un hombre. La segunda bestia se asemejaba a un oso con tres costillas en sus dientes. La tercera bestia lucía como un leopardo con cuatro cabezas y cuatro alas. A esta bestia le fue dado dominio. Finalmente vino la última bestia. Tenía una apariencia horrible con dientes de hierro y diez cuernos; era fuerte y arrogante. El sueño hablaba de cuernos y de un cuerno con ojos como hombre y una boca llena de arrogancia. Mientras Daniel miraba describía al "Anciano de Días" sentado en el trono con un río que fluía de él. Los libros fueron abiertos. Esta última bestia, la arrogante, fue destrozada y echada al fuego. A las otras bestias se les otorgó un período de vida más largo. Entonces el Hijo del Hombre vino a tomar dominio de su reino, uno que nunca será destruido.

¡Qué sueño tan asombroso para tal período! Observe que el rol de Daniel en el sueño fue el de un observador. Esto es un indicador que el sueño probablemente no era acerca de Daniel; fue un sueño objetivo. Las características de los animales representan las características de futuros reyes y sus naciones. El sueño tiene tal claridad y entendimiento para nostros, hoy, pero para Daniel no fue claro en esos días. Esto, también, es una característica de un sueño objetivo: los símbolos pueden no ser familiares para quien recibe el sueño si el sueño está destinado a alguien más o, como en este caso, a aquellos en el futuro. Lea estos versículos nuevamente en diferentes versiones de la Biblia y trate de imaginar lo alarmado y estresado que Daniel se sintió. ¿Confió Dios este sueño y otros como este a Daniel porque él era diligente en registrarlos y responder a ellos?

A veces Dios revela futuros eventos en los sueños, por lo que no debemos caminar atemorizados. En la medida que el evento es revelado por Dios, podemos estar seguros que Dios tiene el control sobre la situación. La primera bestia representaba los reinos de los medos/persias y griegos, describieron con mucha exactitud lo que ocurrió en la historia luego del tiempo de Daniel, pero aún falta que la cuarta bestia sea revelada, indudablemente con la misma exactitud. Muchos han arrojado a la mesa especulaciones y muchos más esperan ver la revelación del último evento.

### Evangelio de Mateo

Tome un momento y lea los primeros dos capítulos de Mateo. Ponga particular atención cada vez que se mencionen los sueños. Se dará cuenta que los sueños dirigieron el anuncio del nacimiento, nombre, vida y supervivencia del hijo de Dios.

> "...he aquí que se le apareció en sueños [onar] un ángel del Señor diciendo, "José, hijo de David, no temas recibir a María tu mujer, porque el Niño que se ha engendrado en ella es del Espíritu Santo. Y dará a luz un hijo; y le pondrás por nombre Jesús..." (Mateo 1:20).

> "... y habiendo sido advertidos por Dios en sueños [onar] que no volvieran a Herodes, [the magi]

*partieron para su tierra por otro camino" (Mateo 2:12).*

*"... un ángel del Señor se le apareció a José en sueños* [onar], *diciendo: Levántate, toma al Niño y a su madre y huye a Egipto, y quédate allí hasta que yo te diga" (Mateo 2:13).*

*"... he aquí un ángel del Señor se apareció en sueños* [onar] *a José en Egipto, diciendo: Levántate, toma al Niño y a su madre y vete a la tierra de Israel" (Mateo 2:19-20).*

*"Y advertido por Dios en sueños, partió para la región de Galilea; y llegó y habitó en una ciudad llamada Nazaret" (Mateo 2:22-23).*

El Dios Todopoderoso, creador de todas las cosas, el único que puede hacer toda la creación con una sola palabra, eligió utilizar sueños para anunciar, proteger y guiar los eventos relacionados con el nacimiento de su amado hijo, Jesús. Estos sueños son únicos ya que no contienen simbolismo como se nos es relatado en Mateo. Debido a la urgencia del mensaje, Dios necesitó ser directo.

¿Podría Dios confiarnos sueños como ese hoy? ¿responderíamos tan obedientemente como lo hizo José?

## Hechos 10:9–16

La visión que tuvo Pedro en la azotea de Jope fue esencial para la historia y desarrollo de la asamblea de creyentes. Mientras ellos cocinaban la comida, Pedro tuvo una visión, en la que vio un lienzo (también traducido como vela y, por lo tanto, un símbolo muy personal para los pescadores) que descendía, bajado a la tierra por cuatro puntas lleno de animales impuros. La voz en el sueño le dijo que matara y que comiera. Él se negó pues eran animales impuros. Esta misma visión se repitió dos o más veces. Luego él escuchó que golpeaban a la puerta unos gentiles que decían Dios los había enviado para llevarlo a Cesarea. ¡No, él no mató ni se los comió! El mensaje del sueño está en esta oración, "lo que Dios ha limpiado, no lo llames tú impuro" (v.15).

En este momento y utilizando este método, Dios enseñó que el mensaje del evangelio era para los gentiles tanto como para los judíos. Cuando Pedro entregó el mensaje del evangelio, Dios confirmó sus intenciones de derramar Su Espíritu Santo en aquellos gentiles[28] así como lo había hecho en los judíos durante Pentecostés.[29]

¿Se ha dado cuenta que, muchos siglos antes estando en Jope, el profeta Jonás fue llamado por Dios a predicar a los gentiles en Nínive? En esta oportunidad, sin embargo, Jonás rechazó ir.

> *"Pero Jonás... descendiendo a Jope, encontró un barco que iba a Tarsis, pagó el pasaje y entró en él para ir con ellos a Tarsis, lejos de la presencia del Señor" (Jonás 1:3).*

Esta vez, también en Jope, Simón Barjona,[30] que significa hijo de Jonás, más tarde llamado Pedro, fue enviado a ir y compartir el evangelio con los gentiles. Debido a la visión de animales impuros él estuvo (a diferencia de Jonás), curioso por ver lo que Dios haría por ellos. ¿Habría Pedro acompañado a los gentiles, quienes, momentos después de la visión, golpearon la puerta, si no hubiese primero tenido esta visión?

Debemos preguntarnos qué podría hacer el Señor a través de nosotros por los inconversos si fuésemos más diligentes en registrar y actuar conforme a los sueños que Él nos da.

> *"Ciertamente Dios habla una vez, y otra vez, pero nadie se da cuenta de ello. En un sueño [chalom], en una visión nocturna [chizzayon], cuando un sueño profundo cae sobre los hombres, mientras dormitan en*

---

[28] Hechos 10:44
[29] Hechos 2:4
[30] Mateo 16:16

*sus lechos, entonces Él abre el oído de los hombres, y sella su instrucción" (Job 33:14-16).*

Señor, ayúdanos a darnos cuenta, a escucharte, y a responderte correctamente ahora que conocemos cuán importantes son para Ti los sueños.

## Lista de sueños y visiones que aparecen en la Biblia

La siguiente tabla enumera muchos de los sueños y visiones que aparecen en la Biblia y que usted podría revisar en su tiempo libre.

| Libro | Capítulo | Quien recibe el sueño |
|---|---|---|
| Génesis | 15 | Abraham |
| | 20 | Abimelec |
| | 28, 46 | Jacob |
| | 31 | Jacob and Labán |
| | 37 | José |
| | 40 | Copero & Panadero |
| | 41 | Faraón |
| Jueces | 7 | Soldado madianita |
| 1 Samuel | 3 | Samuel |
| 2 Samuel | 7 | Natán |
| 1 Crónicas | 17 | Natán |
| 2 Crónicas | 26 | Zacarías |
| 1 Reyes | 3 | Salomón |
| Job | 4 | Elifaz |
| Isaías | 1, 21, 22, 29 | Isaías |
| Ezequiel | 1, 8, 12, 43 | Ezequiel |
| Daniel | 2, 4 | Nabucodonosor |
| | 7, 8, 9, 10, 11 | Daniel |
| Amós | 1 | Amós |
| Abdías | 1 | Abdías |

| Nahúm | 1 | Nahúm |
|---|---|---|
| Habacuc | 1 | Habacuc |
| Mateo | 1 | José |
| | 2 | Jose´& los magos |
| | 17 | Pedro, Jacobo y Juan |
| | 27 | La esposa de Pilato |
| Lucas | 1 | Zacarías |
| | 24 | Mujeres |
| Hechos | 9 | Ananías |
| | 10 | Cornelio & Pedro |
| | 12 | Pedro |
| | 16, 18 | Pablo |
| 2 Corintios | 12 | Pablo |
| Apocalipsis | 1 | Juan |

## Al recibir un sueño

Debido a que los sueños son importantes y Dios no nos da un mensaje a través de un sueño porque es entretenido, sino porque es importante para nosotros conocer el mensaje, es que debemos ser diligentes en la recepción del mismo.

- ¡Escriba el sueño tan pronto como le sea posible una vez recibido!
- Pídale a Dios entendimiento.
- Lea el sueño varias veces.
- Confíe en que el Padre lo ayudará con la interpretación. Tal vez sea cuestión de tiempo. De nuevo, las respuestas pueden aclararse con el tiempo.

Trabaje en cambiar lo que piensa y las opiniones que tiene acerca de los sueños. A medida que continúe leyendo este libro, encontrará más información que le ayudará a tener un mejor entendimiento acerca del proceso de interpretación de sueños.

## Conclusiones

Sólo hemos leído algunos de los sueños que fueron registrados en la Biblia. Vemos cómo la gente confiaba sus vidas al resultado de estos sueños, incluso Jesús, el hijo de Dios. La estima que tenían por los sueños era obvia, ya que ellos deseaban escuchar palabra de parte de Dios. Leemos que durante los últimos días del Rey Saúl:

*"Y Saúl consultó al Señor, pero el Señor no le respondió ni por sueños, ni por Urim, ni por profetas" (1 Samuel 26:6).*

Saúl estaba desesperado por escuchar al Señor, y fue equivocadamente en busca de una médium. Tenemos un Dios y Padre que desea comunicarse con nosotros. Los sueños y las visiones son una de las maneras que Él ha escogido para comunicarse. Detengámonos y escuchemos lo que Él quiere decirnos y luego respondamos.

Según hemos estudiado algunos de los sueños que aparecen en la Biblia, hemos podido ser testigos de la importancia que le daban a los sueños quienes los recibieron, por consiguiente, hemos aprendido qué hacer con los sueños, cómo entenderlos y cómo responder a ellos. Como pueden darse cuenta, viajar a través de los sueños es una aventura interesante.

# 5 Categorías y Tipos de Sueños

Los sueños en general pueden parecer complejos y confusos, pero usualmente no lo son. Para ayudar a simplificarlos, hemos encontrado útil hacer una distinción entre los sueños que nosotros tenemos y que traen un mensaje de Dios y los que no. Esta distinción ha ayudado a disminuir la frustración. Hemos pasado mucho tiempo tratando de interpretar sueños que no traían mensaje, sino que eran sueños que el cuerpo necesitaba tener por alguna razón, aunque habían sido creados por Dios.

## Categorías de Sueños

Hemos dividido los sueños en dos categorías principales: sueños misceláneos y sueños con mensaje.

Una de las primeras habilidades que debemos aprender es ser capaces de distinguir los sueños misceláneos de los sueños con mensaje, para así poder ignorar los que no tienen un mensaje de parte de Dios. Esta habilidad proviene del saber que existen diferentes tipos de sueños y por evaluar cada sueño que tenemos. En otras palabras, aprendemos a diferenciar un sueño misceláneo de uno con mensaje a través de nuestra experiencia.

Como ayuda para entender los sueños con mensaje hemos dividido esta categoría en diferentes tipos. Los tres principales son sueños: objetivos, subjetivos y una combinación de ambos. También tenemos dos tipos secundarios de sueños, el sueño literal y el sueño del niño. Cada sueño tiene propósitos específicos.

## Sueños Misceláneos

Aunque nuestro enfoque será en los sueños con mensaje, necesitamos entregar algunos detalles respecto a los sueños misceláneos de modo que pueda aprender a identificarlos, evitando así perder tiempo tratando de entenderlos.

Los sueños misceláneos se identifican fácilmente pues son incoherentes. Son sueños que tienen múltiples escenas, todas diferentes, carecen de conexión clara entre ellas, están fragmentadas y faltas de fluidez, tienen escenas que están por todos lados. Intentar interpretar estos sueños nos puede llevar a la frustración y a la eventual descalificación de los sueños.

A veces, cuando nos han compartido acerca de un sueño misceláneo con varias escenas desconectadas hemos experimentado la falta de conexión entre ellas. Según hemos analizado cada escena, nos hemos dado cuenta que comparten un detalle, un patrón, o incluso una emoción. Cuando hemos preguntado a la persona que recibió el sueño acerca de esto, han admitido ser atormentados por estos sentimientos. Hemos orado por sanidad en los recuerdos en que se encuentran estas emociones enraízadas.

### Sueños de Proceso Natural

La mayoría de nuestros sueños misceláneos son lo que llamamos "sueños de proceso natural".

Muchos de los sueños que soñamos serán sueños de proceso natural, también conocidos como "descargas neuronales al azar" en el cerebro. Nos gusta pensar en ellos como una "defrag"[31] mental, usando un término informático. Todos tenemos estos sueños, de hecho, las investigaciones han concluido que evitar que las personas tengan estos sueños por más de un par de días causaría un deterioro tal que comenzarían a dar señales de un trastorno mental. Si este es el

---

[31] Defrag or defragment es un término computacional relacionado al disco duro.

caso (y nosotros no tenemos razón para no estar de acuerdo), todos debemos soñar, y a esos sueños le llamamos sueños de proceso natural. No creemos que esos sueños traigan ningún mensaje especial. Aunque ellos tienen una función sobre nuestra salud y estado mental, usualmente están faltos de la claridad y la dirección que buscamos en los sueños con mensaje.

## Embarazo

En la serie de audio[32] de John Paul Jackson, él señala que durante el embarazo se pueden experimentar sueños que están mezclados y confusos. Él ha identificado estos sueños como el resultado de un aparente traslapo del sueño de la madre con el sueño del bebé aún no nacido. Estos sueños traslapados serían muy difíciles de separar e interpretar. A nosotros nos parecería que también son sueños misceláneos, ya que Dios es muy capaz de evitar este escenario si tiene un mensaje importante que decir.

## Sueños Cuerpo/Químicos

El cuerpo es una mezcla de muchos químicos. Cuando el cuerpo experimenta enfermedad o fiebre, pareciera que los sueños reflejaran el conflicto interno. Las drogas legales, ilegales o el alcohol también pueden afectar los sueños, incluso al punto de transformarlos en pesadillas como es el caso de la droga, el cuerpo no la acepta y la elimina.

## Sueños Seductores

Este tipo de sueño no es exactamente un "sueño misceláneo", pero se experimenta como tal. Probablemente sea el único tipo de sueño que no proviene de Dios. Digo esto pues he escuchado a personas reclamar que un sueño es demoníaco simplemente porque los símbolos que en él aparecen provocan

---

[32] Jackson, John Paul. *Understanding Dreams & Visions*. Fort Worth, TX: Streams Ministries International, fecha desconocida.

susto o pesadillas. Estos no es razón suficiente para determinar que un sueño sea demoníaco. Cuando se ha interpretado aquellos símbolos que provocan miedo, la persona ha sido bendecida con entendimiento.

Hemos incluido estos sueños seductivos en particular con la esperanza de entregar claridad y liberación a aquellos que han tenido esta experiencia. Estos sueños están bajo la influencia demoníaca – conocidos como los espíritus incubo y sucubo. Debido a que ésta es un área sensible y la persona pudiera experimentar vergüenza, las personas no hablan abiertamente de este tipo de sueños. La información a continuación lo ayudará a entender la fuente.

Los espíritus incubo y sucubo que actúan en los sueños se definen de la siguiente forma:

> **incubo** *(sustantivo) espíritu masculino que tiene relaciones sexuales con una mujer[33] mientras duerme*
>
> **sucubo** *(sustantivo) espíritu femenino que tiene relaciones sexuales con un hombre[34] mientras duerme*
>
> **Incubo**: *demonio en forma de hombre que busca tener relaciones sexuales con las mujeres mientras duermen; el espíritu correspondiente a la forma femenina se llama* **sucubo**. *En Europa Medieval, se pensaba que la unión con un espíritu incubo daría como resultado el nacimiento de brujas, demonios y descendencia humana deforme. Se decía que el legendario mago Merlin había sido engendrado por un espíritu incubo. Muchas culturas tienen un paralelo. La palabra incubo se deriva del latin incubus ("pesadilla") e incubare ("empollar, pesar sobre"). El uso que la sicología moderna le da a este término es para*

---

[33] "Incubus". The New Oxford Dictionary of English. © Oxford University Press 1999
[34] "Succubus". The New Oxford Dictionary of English. © Oxford University Press 1999

*nombrar el tipo de sueños en que la persona siente un gran peso u opresión en el pecho y estómago.*[35]

Es cierto que estas definiciones provienen de fuentes seculares y necesitan ser filtradas a través de las enseñanzas de las Escrituras respecto a lo demoníaco. Sin embargo, ellos lo dicen bien claro. Las personas han sido violadas de esta manera, sin conocer la fuente de estas experiencias como-sueños. Hasta que (yo, Steve) aprendí de estos espíritus, pensé que esta experiencia era sólo un sueño de proceso natural que tenía que soportar, y estos sueños ocurrieron muchas veces a lo largo de los años. Luego de comprender de donde provenían, siguieron ocurriendo y fue ahí cuando le ordené al espíritu irse en el nombre de Jesús. El sueño terminó inmediatamente. Si, al orar, el sueño no termina inmediatamente-como debiera si es demoníaco- trate el sueño como cualquier otro con símbolos que necesitan ser entendidos. Si aún está complicado con el sueño, busque a un consejero con experiencia en estas cosas que lo ayude a entender y lo ayude a resolver esta situación. A menudo quienes han participado en el pasado en actividades de ocultismo experimentan este tipo de 'sueños'.

### Falsos Sueños

Una persona voluntaria o involuntariamente puede dar un mal uso a un sueño, por ejemplo para su propio beneficio. La Biblia nos advierte acerca de esto:

> *"He aquí, estoy contra los que profetizan sueños* [chalom] *falsos-declara el Señor- y los cuentan y hacen errar a mi pueblo con sus mentiras y sus presunciones, cuando yo no los envié ni les di órdenes, ni son de provecho alguno para este pueblo-declara el Señor" (Jeremías 23:32)*

---

[35] "Incubus". Británica 2001 Edición de Lujo CD-ROM. Copyright © 1994-2001 Britannica.com Inc.

*"Porque los terafines hablan iniquidad, y los adivinos ven visiones mentirosas, y cuentan sueños* [chalom] *falsos; en vano dan consuelo. Por tanto, el pueblo vaga como ovejas, está afligido porque no hay pastor" (Zacarías 10:2)*

Debemos evaluar todos los sueños a la luz de la verdad de las Escrituras. Responda precavidamente al mensaje de cualquier sueño. Dios puede confirmar un mensaje de varias maneras, los sueños son una de ellas.

## Sueños con Mensajes

Cuando mencionamos sueños, tiene que entenderse que nos estamos refiriendo a los sueños que traen un mensaje, estos son el enfoque de este libro. Los sueños con mensaje usualmente son claros, concisos y con propósito. Son como una película que tiene argumento y flujo de ideas. Estos son los sueños que Dios nos da para comunicarse con nosotros. Es importante entender que no es el sueño ni nuestro subconsciente lo que nos habla, sino que es Dios que nos está hablando a través de un sueño. Las influencias seculares a las que hemos estado expuestos nos llevan a creer que Dios no es parte de esto. Necesitamos trabajar para remover este paradigma. Dios es la mayor influencia en nuestras vidas, lo reconozcamos o no; pero nosotros deberíamos reconocerlo.

Para ayudarnos a entender nuestros sueños es que los hemos dividido en distintos tipos que nos ayudarán a determinar el propósito de cada sueño.

## Definiendo el tipo de Sueño

Para entender y responder adecuadamente a un sueño con mensaje, es imperativo que sepamos si el sueño es para y acerca de quien lo sueña (subjetivo), para y acerca de otra persona (objetivo), o para y acerca de otra persona pero que afecta a quien lo sueña (combinación). Una manera de averiguar esto es identificando la actividad de la persona que está soñando en el sueño. Este enfoque parece tener un fuerte respaldo cuando se testea con los sueños en la Biblia. De los veinte sueños y visiones mencionados abajo, todos se adhieren a este enfoque para determinar el tipo de sueño como se muestra.

Esto debería infundir confianza al utilizar este enfoque. Hemos utilizado este enfoque por muchos años y agradecemos su simplicidad en diferenciar entre un sueño subjetico, objetivo o combinado.[36] A pesar de las muchas tentaciones por hacer las cosas en diferente manera en sueños particulares, éste ha probado ser muy exacto.

## Sueños Subjetivos

Un sueño subjetivo trae un mensaje para quien recibe o sueña el sueño. Puede ser identificado por el rol activo que quien lo sueña ejerce en el sueño. En otras palabras, si quien sueña tiene un rol activo a lo largo del sueño, entonces el sueño es para él y acerca de él. A menos que seamos llamados como profetas de oficio[37] o tengamos el don de profecía, la mayoría (90-95 porciento) de los sueños serán subjetivos o personales para quien los sueña.[38] Ejemplos de este tipo de sueños incluyen aquellos del copero y panadero del faraón.[39] En cada uno de sus sueños, ellos jugaron un rol activo en el sueño.

Este tipo de sueños requiere que entendamos y respondamos al mensaje de Dios en el sueño.

## Sueños Objetivos

Quien sueña recibe un sueño objetivo o impersonal pues el mensaje que contiene no está dirigido a quien recibe el sueño. Un sueño objetivo es aquel en el cual quien sueña juega el

---

[36] Tabla diseñada por Dr. Mark Virkler.
[37] Efesios 4:11-12
[38] John Paul Jackson, en su serie de audio "Understanding Dreams & Visions" estudia quien es el protagonista en el sueño para determinar el tipo de sueño que es (subjetivo)
[39] Génesis 40:5-8

papel de observador de las actividades y/o eventos que se desarrollan.[40] Ejemplos de este tipo de sueños sería el sueño de David en que vió que cuatro bestias salían del océano[41] y el sueño del Faraón acerca de las vacas y las espigas.[42] En uno de los casos de estos ejemplos, quien soñó (recibió el sueño) fue sólo un observador. Aquellos que han sido llamados a cumplir el rol de profeta de oficio o tienen el don de profecía podrían experimentar más de este tipo de sueños.

> *"Él dijo, "Oíd ahora mis palabras: si entre vosotros hay profeta, yo, el Señor, me manifestaré a él en visión [marah]. Hablaré con él en sueños [chalom]". (Números 12:6)*

> *"Y Él dio a algunos el ser apóstoles, a otros profetas, a otros evangelistas, a otros pastores y maestros, a fin de capacitar a los santos para la obra del ministerio, para la edificación del cuerpo de Cristo". (Efesios 4:11-12)*

¿Qué hace uno cuando recibe este tipo de sueño? Algunas grandes responsabilidades vienen con el sueño objetivo. Leemos de Daniel que él dejó el sueño para sí.[43] Luego, respecto a otro sueño, se le dijo que lo mantuviera en secreto.[44] Al apostol Juan se le dijo que escribiera su visión en un libro y que la enviara a las siete congregaciones en Asia Menor,[45] y, sin fotocopia, hacer siete copias no fue una tarea pequeña.

Creemos que Dios da este tipo de sueño por una y/o dos razones.

---

[40] John Paul Jackson, en su serie de audio "Understanding Dreams & Visions" estudia quien es el protagonista en el sueño para determinar el tipo de sueño que es (objetivo)
[41] Daniel 7
[42] Génesis 41
[43] Daniel 7:28
[44] Daniel 8:26
[45] Apocalípsis 1:11

La primera y razón primordial es con la esperanza que oremos e intercedamos por aquellos que están involucrados en el sueño. Parece ser un principio el que Dios no interviene en los asuntos de la humanidad a menos que sea invitado a intervenir. Entonces, vemos que los sueños objetivos son la manera que Dios utiliza para provocar que lo invitemos al solicitarle que intervenga. Nuestro rol entonces, es ser un puente entre la necesidad que la persona o grupo pueda tener y el deseo y habilidad de Dios por satisfacer la necesidad. Al darnos Dios este tipo de Sueño, Dios ha confiado en nosotros una gran responsabilidad. Puede ser que nunca escuchemos del impacto que nuestras oraciones tuvieron sino hasta que estemos en Su presencia, pero para entonces, estoy seguro estaremos asombrados y en gozo abundante al conocer el impacto. Tome seriamente estos sueños y ore por ellos.

La segunda razón para darnos este tipo de sueños es para que intervengamos, es decir, que busquemos a la persona acerca de quien se trata el sueño y le entreguemos los detalles. Esto impide que sepamos a quien dirigirnos ya que sólo será el caso si Dios nos revela a quien ir. Habiendo hecho esto, deje lo demás en manos de Dios.

Dios nos hará saber claramente lo que debemos hacer con este tipo de sueño. Si no tiene claridad en cuanto a qué hacer, no intervenga, no haga nada, sólo ore por el sueño.

Dios compartió con Abraham sus intenciones respecto a Sodoma y Gomorra.[46] Abraham tomó el rol de intercesor a nombre de aquellos que eran afectados – su sobrino Lot y familia. Ya sea que sepa qué hacer o que tenga que sólo interceder, hágalo con discreción, humildad y con una actitud guiada por el amor.

No todos los sueños de aquellos que son llamados a ser profetas serán del tipo objetivo, la mayoría será subjetivo o personal. Según aprendemos a entender nuestros sueños,

---

[46] Génesis 18:17ff

nuestro lenguaje de sueños aumenta, nuestro corazón es sanado y mostramos ser fieles en las pequeñas cosas,[47] veremos que nuestros sueños son más del tipo objetivo.

## Combinación de Sueños

Puede haber un sueño ocasional en donde usted tiene una combinación de diferentes escenas, en unas quien sueña tiene un rol activo y luego observa, y en otras observa y luego actúa. Estos sueños pueden ser un sueño objetivo cuya esfera de influencia incluye a quien sueña en alguna medida. El sueño de José acerca de las gavillas de sus hermanos que se inclinaban ante la de él es un ejemplo de esto. Al inicio del sueño él dice: "estábamos atando gavillas en el medio del campo",[48] lo que muestra una pequeña participación de parte de José, pero, en lo que respecta a lo que queda del sueño y en su mayoría, el rol de José fue de observador. El mensaje del sueño era acerca de sus hermanos, pero también lo afectó a él.

Aquellos que están involucrados en el liderazgo podrían tener más de este tipo de sueños, debido a su posición y responsabilidad ante otros. Dios podría mostrarle Sus intenciones para el grupo o congregación que lidera y, ya que usted es parte de ellos, los resultados o planes lo afectarán. Estos sueños pueden ser vitales para el crecimiento y efectividad de su organización dentro del reino de Dios.

La primera respuesta a este tipo de sueños es orar, la segunda es intervenir – como en el tipo de sueño objetivo.

## Otro tipo de sueños

Los sueños de los niños y los sueños literales son otros dos tipos de sueños que podemos experimentar.

---

[47] Lucas 19:17
[48] Génesis 37:7

## Sueños de los niños

Mientras que la mayoría de los sueños son sueños personales, el sueño personal de un niño es diferente ya que el mensaje del sueño podría no ser para el niño, sino para quien lo cuida (sea el padre/madre/tercera persona). El sueño del niño es acerca del niño, pero se ha entregado para hacer que quien cuida al niño responda al sueño. Debido a esto, es importante que quien esté al cuidado de un niño ponga atención a los sueños que recibe. Estos niños usualmente no tienen poder para provocar cambios en sus situationes. A través del sueño de un niño, Dios, tal vez puede estar llamando la atención de quien lo cuida hacia un problema que el niño está enfrentando. Este tipo de sueños es explicado en mayor detalle y con ejemplos en nuestro libro titulado "Sueños que Sanan y Aconsejan"[49]

## Sueños Literales

Los sueños literales contienen simbolismos que no requieren de interpretación. Ellos pueden ser literales si no hay escenas surrealistas o fuera de lo común, como por ejemplo personas volando, animales hablando, etc.

Aunque la mayoría de los sueños no son literales, la Biblia nos entrega algunos ejemplos. Estos incluyen el sueño de Abimelec, donde Dios lo llama "hombre muerto" por tomar a la esposa[50] de Abraham y en el Nuevo Testamento, los sueños que Dios le dio a José para proteger al niño Jesús.[51] Tal vez quienes escribieron estos sueños nos han entregado la interpretación del sueño que tuvieron y no el sueño mismo. Sea cual sea el caso, el mensaje en ambos requirió una acción inmediata. Si fuere éste el caso en nuestras vidas, creemos que

---

[49] Bydeley, Steve and Dianne Bydeley, *Dreams that Heal and Counsel*. Kitchener, ON, Lapstone Publishing, 2004, pg. 135.
[50] Génesis 20
[51] Mateo 2

el mensaje del sueño sería inmediatamente claro para quien lo recibe también.

## Conclusión

Creemos que estas categorías y tipos, junto con el simple hecho de identificarlos, son de gran valor en la interpretación de sueños. Si quien sueña (recibe el sueño) tiene un rol activo a lo largo del sueño, entonces el mensaje es para y acerca de él/ella. Ya que la mayoría de nuestros sueños son de este tipo, el resto de nuestro libro se enfocará en aquellos sueños personales o subjetivos.

Habiendo identificado para quien es el sueño, el paso siguiente en la interpretación de los símbolos, y para ello se requiere que conozcamos cómo abordar los símbolos y dónde encontrar su significado.

# 6 Reconocimiento de los Smbolos

Anteriormente señalamos que los sueños son una secuencia de imágenes, símbolos, sonidos y emociones que conllevan un significado, son claros y tienen propósito. Es, por lo tanto, importante concentrarnos en entender estas imágenes y símbolos. Hay diferentes maneras de entender los símbolos/imágenes que aparecen en un sueño, nosotros hemos escogido presentar tres maneras que nos parecen relevantes: la cristiano-jungiano, la estrictamente bíblica y la de los enfoques relacionados a lo personal. De estas maneras, nos referiremos brevemente a las dos primeras y dedicaremos más tiempo a la última.

## Enfoque Cristiano-jungiano

Esta forma derivó de la enseñanza de Carl Jung y fue enseñada en el Instituto C.G.Jung de Suiza, sugiriendo que el género en nuestros sueños representa la batalla interna que tenemos entre las cualidades masculinas y lo femeninas en cada uno de nosotros. Otros autores cristianos combinan esta enseñanza con una interpretación de Génesis 1:27:

> *"Creó, pues, Dios al hombre a imagen suya, a imagen de Dios lo creó; varón y hembra los creó".*

Aquellos que usan esta forma sugieren que este verso enseña que cada uno de nostros fuimos creados tanto con cualidades masculinas como femeninas. Cuando soñamos acerca de otras personas, estamos soñando acerca de diferentes aspectos de nuestra masculinidad/femineidad (anima/animus) interior. Es acerca de un desequilibrio de nuestra masculidad/ femineidad interior que nuestros sueños a menuno nos alertan.

Nuestra inquietud con esta posición es que intenta armonizar cosas que vemos en las nuevas normas sexuales de la sociedad que son realmente el resultado de la caída de la humanidad y que no deberíamos responsabilizar a nuestra creación.

Las personas de la Biblia no tuvieron el entendimiento del subconsciente de Jung cuando interpretaron los sueños, y cuando testeamos el método de Jung en los sueños de la Escritura existen dificultades; por lo tanto, seremos cuidadosos al utilizarlo. Observe el siguiente versículo como ejemplo:

> *"Por la noche se le mostró a Pablo una visión: un hombre de Macedona estaba de pie, suplicándole y diciendo: Pasa a Macedonia y ayúdanos" (Hechos 16:9)*

El método de Jung sugiere que el hombre que llama a Pablo sería su propia masculinidad. El analista del método de Jung podría sugerir que el celibato en la vida de Pablo lo llevó a rechazar o reprimir sus cualidades masculinas, estableciéndolo en un estado de falta de equilibrio. El hombre del sueño lo llamaba por aceptación. Debido a que Jung no contaba con el temor de Dios o el conocimiento del Espíritu Santo, no tenía contra que medir cualquiera de sus teorías. Nosotros sabemos a través de la Biblia que Dios simplemente estaba llamando a Pablo a evangelizar el pueblo de Macedonia.

Aunque nosotros no creamos que este método es uno que escogeríamos, Dios es capaz de hacernos llegar Su mensaje no importando el método que escojamos. Si éste es la forma que usted acostumbra a utilizar, Dios puede moldear el sueño de tal manera que se ajuste a la forma que usted utiliza, pues Su interés último es que usted reciba el mensaje. Creer que Dios utiliza sólo una forma lo limita o empequeñece pues trata de acomodarlo dentro de nuestra estructura de comprensión – esto no funcionará.

## Un enfoque estríctamente bíblico

Otra manera de apreciar cada símbolo en nuestros sueños es creyendo que éstos siempre deben coincidir con el significado dado al símbolo en la Biblia. Esto sugiere que todos los símbolos significan lo mismo para cada persona. A veces, y con algunos símbolos, este método puede ser verdad, pero no siempre. Por ejemplo, el agua puede representar al Espíritu Santo en la Biblia; sin embargo, en sueños, jamás pensaría que el agua de una cuneta en la calle representaría al Espíritu Santo.

Hay oportunidades en que sí buscamos el significado bíblico de un símbolo para ver si existe conexión o como un ejemplo de ver el símbolo de manera diferente, esperando provocar una interpretación personal.

## Enfoque Profético

Esta forma utiliza el sueño o el simbolismo del sueño como un iniciador o como un catalizador para una palabra profética. Mientras que esto puede ser muy efectivo, también, puede tener poco o nada que hacer con el real mensaje del sueño. La palabra profética puede ser para edificación y ánimo, por lo tanto de valor, pero esto no reemplaza el mensaje del sueño. La guía que presentamos ayudará a quien sueña a conocer si la palabra profética se aproxima al mensaje del sueño o debería ser considerada como algo paralelo al sueño. Si es considerado como algo paralelo, quien soñó puede continuar en la búsqueda de una interpretación.

## Enfoque Relacionado a lo Personal

Ambos métodos anteriores no consideran la relación personal que tenemos con nuestro Padre a través de Jesucristo. Nosotros creemos que el significado de los símbolos e imágenes debe ser simple y personal – simple, ya que en todas las interacciones de Dios con nosotros vemos una elegante simplicidad. Mostraremos a lo que nos referimos.

¿Cuántas reglas los maestros de la ley, en los días de Jesús, demandaban de las personas? Lea Mateo 23 para conocer algunas de sus reglas y la opinión de Jesús acerca de las mismas. Contrariamente, toda la ley es resumida en estos dos mandamientos: Amar a Dios sobre todas las cosas y amar a tu prójimo como a ti mismo.[52]

La simpleza del mensaje del evangelio aún desconcierta a los sabios.

> *"En aquel tiempo, hablando Jesús, dijo: Te alabo, Padre, Señor del cielo y de la tierra, porque ocultaste estas cosas a sabios e inteligentes y las revelaste a los niños" (Mateo 11:25).*

> *"En verdad os digo: el que no recibe el reino de Dios como un niño, no entrará en él"(Lucas 18:17).*

Lea nuevamente las parábolas de Jesús y fíjese no sólo en su simplicidad, sino especialmente en el mensaje de cada una. Esto se aplica a los sueños también. Como regla, mantenga el significado de los símbolos en forma simple.

El significado de los símbolos e imágenes debería mantenerse de manera personal. En un sueño, Dios dibujará en nuestras mentes los símbolos e imágenes de acuerdo a nuestras experiencias. Estos símbolos e imágenes son los que Dios depositará en el mensaje del sueño. Lea nuevamente los sueños de Génesis 40, el del panadero y su pan o el del copero exprimiendo uvas – uso de los símbolos muy personal en cada caso.

Recuerde la visión de Pedro en Hechos 10:11.

---

[52] Lucas 10:27

> "...y vio el cielo abierto, y que descendía algo semejante a un gran lienzo, que atado de las cuatro puntas era bajado a la tierra..."

La palabra griega para lienzo es *othone* que significa, "lino fino, ropa de lino fino, velas, un velero".[53] Fíjese en la palabra "vela" enumerada como uno de los significados. Pedro era un navegante y un pescador. Dios utilizó el símbolo de una vela para presentar los animales impuros a Pedro. Este uso muy personal del símbolo captaría la atención de Pedro y tal vez le recordarían las palabras de Jesús, "Sígueme y te haré pescador de hombres".[54] También es interesante ver que esas palabras de invitación no le fueron dichas a Mateo, un recolector de impuestos, sino a Pedro y Andrés, ambos pescadores. Como regla, mantenga el significado de los símbolos en forma personal a quien recibió el sueño.

Una señora que estaba ciega asistió a uno de nuestros seminarios. Ella era muy graciosa al responder mis preguntas. Ella sí sueña, pero sus sueños consisten en palabras – no imágenes. Ella nació ciega y, por lo tanto, no tiene ninguna imagen a la cual hacer referencia. Dios utiliza palabras para producir los sueños que le da. Esto le agrega crédito a la aproximación de que Dios se comunica con nosotros a través de sueños. Él utiliza lo que nos es familiar para moldear el sueño que contiene Su mensaje para nosotros.

## Conclusión

Según leemos los sueños de la Biblia, vemos el enfoque simple y personal utilizado para entenderlos. A lo largo de nuestra relación y con el paso del tiempo, Dios establece un vocabulario personal de sueños, un lenguaje para las imágenes con cada persona también hoy. Éste es el tema de nuestro

---

[53] Bauer, Walter. *A Greek-English Lexicon of the New Testament—and Other Early Christian Literature.* Second Edition. Chicago: The University of Chicago Press, 1979. Page 555.
[54] Mateo 4:19

próximo capítulo. "Simple y Personal" también implica que podemos entender nuestros sueños. Mientras comenzamos a aprender nuestro vocabulario para los sueños, la comunicación puede ser lenta y trabajosa, pero con persistencia y práctica llega el perfeccionamiento y la fluidez.

Para identificar y entender los símbolos, necesitamos abandonar la frustración que todos experimentamos al acercarnos a los sueños. La frustración puede ser el principal bloqueo ante el entendimiento. En el próximo capítulo, quitaremos lo místico al reino de los símbolos e imágenes al mostrar que nosotros ya estamos familiarizados con ellos, y ellos son muy comunes en nuestra rutina diaria.

# 7 Lenguaje básico de sueños

Deseamos llevarlo a un pequeño viaje en el que le demostraremos que tanto los símbolos como las imágenes son parte normal de nuestra rutina diaria y no una anormalidad. Si logramos convencerlo que este lenguaje es normal y simple, una buena parte de nuestra batalla por entender los sueños quedará tras nuestro. Veamos si podemos eliminar el fantasma que hay en la aproximación a la interpretación de los símbolos.

Entender los sueños puede llegar a ser algo tan simple como leer:

*La lectura es la interpretación con significado de los símbolos escritos o impresos.*[55]

La lectura es la interpretación de símbolos en palabras y oraciones. Esto suena muy parecido a la interpretación de sueños. Observe todos los símbolos negros en esta página. Ponga la página al revés y observe que todos son símbolos que nosotros hemos memorizado. Es sólo el que nos hemos tomado tiempo para aprenderlos lo que los hace tener significado para nosotros. Observe los símbolos de las letras hebreas (יְהוֹשֻׁעַ), o griegas (Ἰησοῦς), y vea que nos son extrañas si no las hemos estudiado. Aprendimos a leer en inglés al ser persistentes por medio de la práctica de la tarea de interpretar en palabras y oraciones los símbolos y las imágenes que comenzaban a tener sentido para nosotros. Es fascinante

---

[55] Harris, Albert J., Edward R. Sipay, *How to Increase Reading Ability*, David McKay Co., NY, ©1975, 6th Edition, pg.5.

ver como alguien aprende un nuevo idioma o ver como un niño lucha por comunicarse. Imagine la frustración que sienten los padres al tratar de entender lo que su hijo está tratando de decir cuando se encuentra en los primeros niveles del aprendizaje de un idioma. ¿Quiere algo?, ¿está herido?, ¿cómo lo podemos ayudar?, ¿qué dice?. No sólo los padres se frustran, el hijo también. El problema de comunicación existe hasta que los símbolos e imágenes utilizados representen palabras y sonidos que puedan ser comprendidos.

Una de las palabras – aparte de "mamá" y "papá" – que muchos niños prontamente aprenden a decir es "galleta". Ellos aprenden la relación del sonido de esa palabra con un objeto que les interesa. Aprenden a asociar palabras como nariz, mejilla, oído, etc, con objetos en sus caras. Los niños aprenden a leer por asociación. ¿Recuerda esas tarjetas "A es para árbol, "B es para bote", "C es para casa" y las imágenes que representaban el sonido de vocales abiertas y vocales cerradas?

Mientras conocíamos los nombres de todas estas imágenes y objetos, avanzabamos al siguiente paso. ¿Se acuerda de los primeros libros que usó en el colegio para aprender a leer y el tipo de ilustraciones que tenían, llenas de color y que representaban el texto de la historia? Nosotros asociábamos los nombres de estas imágenes y objetos con palabras que representaron una acción: "tira la pelota", "me duele un oído", "dolor de estómago", etc. Las palabras como "dormido" y "cansado" parecen haber sido palabras difíciles de aprender aquellos días.

Luego, agregamos el resto de la gramática para formar oraciones. Ahora nos entendemos unos a otros, bueno, casi. Algunas oraciones como "Lea las instrucciones cuidadosamente", "¿Te gusta mi nuevo vestido?" y otras puede que nunca sean entendindas adecuadamente.

¿Recuerda la fábula de la liebre y la tortuga?, ¿cuál era la enseñanza?, ¿qué quiere decir "Más vale un pájaro en la mano que cien volando" o " No muerdas la mano que te dió de comer"?

¿Ha tratado de aprender un segundo idioma?, muchos métodos comienzan por enseñarnos los nombres de los objetos que ya conocemos – perro, gato, vaca, papá, mamá, hermano, hermana, etc. A estos, nosotros les agregamos la acción o palabras descriptivas y luego el resto de las palabras que formaran las frases u oraciones.

¿Se acaban todas estas asociaciones cuando crecemos? ¡en lo absoluto! Usted no puede hablar o escuchar por más de unos pocos minutos sin visualizar la imagen de una palabra. Ellas son como "monedas de cobre" – comunes y abundantes. Al decir esto no digo que haya que "dejar salir al gato de la bolsa" ni tampoco que usted tenga que "esperar hasta que las vacas vengan a la casa". Todo el que habita en "la tierra verde de Dios" utiliza estas expresiones y, a través de la práctica, estas misteriosas oraciones han llegado a ser claras y "evidentes como la nariz en su cara" para aquellos que las utilizan y escuchan. Estas oraciones son las imágenes de las palabras de las metáforas, símiles y metonimias.

## Metáforas, Símiles y Metonimias

**Metáfora** (sustantivo) Un tipo de conversación en el cual una palabra o frase que comúnmente representa una cosa es utilizada para designar otra, logrando una comparación implícita.[56] Las expresiones "caminar en sus zapatos" o "es sólo vapor" son ejemplos de metáforas.

**Símiles** (sustantivo) Un tipo de conversación en el cual esencialmente dos cosas diferentes son comparadas, a menudo en frases que contienen la palabra *como*.[57]

---
[56] "Metáfora" The American Heritage® Dictionary of the English Language, Third Edition. Copyright © 1992 by Houghton Mifflin Company. Electronic version licensed from InfoSoft International, Inc. All rights reserved.
[57] Ibid., "Símiles"

Algunos ejemplos serían "crece como maleza", "rápido como la luz".

**Metonimia** (sustantivo) Un tipo de conversación en el cual una palabra u oración es sustituida por otra con la cual está estrechamente relacionada.[58] Un ejemplo de esto podría ser cuando nos referimos a la Biblia como la "espada" o a un auto como "tus ruedas".

Las metáforas, símiles y metonimias utilizan un símbolo o una imagen de palabra para representar otra cosa. Este es el lenguaje que utilizó Jesús a través de todo el evangelio. El siguiente es un hermoso ejemplo de un símil:

*"¡Jerusalén, Jerusalén…! ¡Cuántas veces quise juntar a tus hijos, como la gallina junta sus pollitos debajo de sus alas, y no quisiste!" (Mateo 23:37)*

¿Puede visualizar lo que representa este hermoso simbolismo, una gallina con sus polluelos bajo sus alas? Es la manera perfecta de plantar una verdad en nuestras mentes. No se olvida fácilmente, era común y personal para la gente de aquel tiempo.

La siguiente es una muestra muy pequeña de las metáforas y símiles utilizados comúnmente en las conversaciones diarias. Estoy seguro que a medida que pone atención al escuchar las imágenes de las palabras, usted sonreirá y se verá asombrado ante la frecuencia con que son utilizadas en nuestra cultura. Son utilizadas tan frecuentemente que ni siquiera nos damos cuenta de ello. Ellas son muy graciosas y comunes en nuestro hablar diario:

| | |
|---|---|
| Chancho en el barro | Derecho como una flecha |
| Podría comer un caballo | Crecer como maleza |
| Estoy hasta más arriba de mi cabeza | Punta del iceberg |
| Afirma los caballos | Hasta que las vacas vengan a casa |
| Jugando con fuego | Feliz como una lombriz |

---

[58] Ibid., "Metonimia"

Apretados como sardinas     Oler como rosa
Romper un record     Con la camiseta puesta
por tanto árbol no puedo ver el bosque

Al observar estas frases, ¿se da cuenta cuán normal es en nuestras vidas el uso de estos símbolos o imágenes de palabras? El lenguaje de los sueños no es alguna rara excepción a la realidad; es la norma. Crecimos con ello y vivimos con ello.

## Simbolismo y la Biblia

Cada pacto de Dios tenía simbolismo. Tenemos el arcoiris, la cruz, la tumba vacía, la paloma, el pan, el fruto de la vid, la espada, la armadura de Dios, etc.

¿Puede recordar el Salmo 23 con todas sus imágenes y figuras? La Biblia está llena de imágenes de palabras; incluso los nombres de las personas en la Biblia tenían un significado importante. En sus sueños, ponga atención a los nombres que le son dados a las personas.

Lo siguiente es el resultado de un rápido vistazo a través de la Biblia. Busque el contexto si lo desea a través de la cita bíblica o simplemente vea la lista. Esta no es una lista exhaustiva. Hay muchas más en la Biblia:

- Mi (arco) iris (Génesis 9:13)
- Cuenta las estrellas (Génesis 9:13)
- Un horno humeante y una antorcha de fuego (Génesis 15:17)
- Hombre como asno montés (Génesis 16:12)
- El polvo de la tierra (Génesis 28:14)
- Todo lugar que pise la planta de vuestro pie (Josué 1:3)
- Un pan de cebada iba rodando hasta el campamento (Jueces 7:13)
- ¿No has hecho tú una valla alrededor de él, de su casa … (Job 1:10)

- como árbol firmemente plantado junto a corrientes de agua (Salmos 1:3)
- El Señor es mi pastor (Salmos 23:1)
- Tu vara y tu cayado me infunden aliento (Salmos 23:4)
- Prepararás mesa delante de mí (Salmos 23:5)
- Como paja delante del viento (Salmos 35:5)
- Como el ciervo anhela las corrientes de agua (Salmos 42:1)
- con sus plumas te cubre (Salmos 91:4)
- todo es vanidad y correr tras el viento (Eclesiastés 1:14)
- tus ojos son como palomas (Cantares 1:15)
- como una gacela… sobre los montes de los aromas (Cantares 8:14)
- aunque vuestros pecados sean como la grana, como la nieve serán emblanquecidos; aunque sean rojos como el carmesí, como blanca lana quedarán (Isaías 1:18)
- ha quebrado el báculo de los impíos (Isaías 14:5)
- como sauces junto a corrientes de agua (Isaías 44:4)
- El cielo es mi trono y la tierra el estrado de mis pies (Isaías 66:1)
- Fuente de aguas vivas… cisternas agrietadas (Jeremías 2:13)
- Como vaso precioso (Jeremías 25:34)
- Como oso en acecho, como león (Lamentaciones 3:10)
- Como metal refulgente en medio del fuego (Ezequiel 1:4)
- Como vasija en que nadie se deleita (Oseas 8:8)
- Para ellos como león, como leopardo (Oseas 13:7)
- Como corriente inagotable (Amós 5:24)
- Como el pulgón… la langosta (Nahum 3:15)

- Como fuego de fundidor y como jabón de lavanderos (Malaquías 3:2)
- Saltaréis como terneros de establo (Malaquías 4:2)
- Mirad las aves del cielo (Mateo 6:26)
- Observad cómo crecen los lirios del campo (Mateo 6:28)
- Semejante a la ola del mar, impulsada por el viento (Santiago 1:6)
- El diablo, anda al acecho como león rugiente (1 Pedro 5:8)
- El día del Señor vendrá como ladrón (2 Pedro 3:10)
- Su cabeza y sus cabellos eran blancos como la blanca lana, como la nieve; sus ojos eran como llama de fuego; sus pies semejantes al bronce bruñido cuando se le ha hecho refulgir en el horno, y su voz como el ruido de muchas aguas. En su mano derecha tenía siete estrellas y de su boca salía una aguda espada de dos filos; su rostro era como el sol cuando brilla con toda su fuerza (Apocalipsis 1:14-16)
- Y oí como la voz de una gran multitud, como el estruendo de muchas aguas y como el sonido de fuertes truenos, que decía: ¡Aleluya! Porque el Señor nuestro Dios Todopoderoso reina (Apocalipsis 19:6)

El libro de Apocalipsis de Jesucristo está lleno de imágenes de palabras y la mayoría de nosotros tenemos la impresión que es difícil de comprender con sus imágenes tan raras. Esto es debido a que el lenguaje utilizado ocupa muchas metáforas y símiles. Esta revelación proviene de Jesús para nosotros y trae una bendición, según el primer versículo lo señala.

*"Bienaventurado el que lee y los que oyen las palabras de la profecía y guardan las cosas que están escritas en ella, porque el tiempo está cerca" (Apocalipsis 1:3).*

Trate de volver a leerlo cuando ya maneje firmemente los conceptos de los símbolos e imágenes de los sueños y visiones. Se sorprenderá.

## Las Parábolas de Jesús

En las Escrituras vemos que los símbolos abundan en las parábolas de Jesús. Cuando Jesús comenzó a utilizar parábolas para enseñarle a la gente las verdades acerca del Reino de Dios, sus discípulos no entendieron el mensaje. Ellos confrontaron a Jesús acerca de las dificultades que "la gente" estaba teniendo, pero, de acuerdo a lo que leemos, Jesús entendió la pregunta real:

*"Y acercándose los discípulos, le dijeron: ¿por qué les hablas en parábolas? Y respondiendo El, les dijo: porque a vosotros se os ha concedido conocer los misterios del reino de los cielos, pero a ellos no se les ha concedido" (Mateo 13:10-11).*

¿Cómo se define una parábola?

*Parábola (sinónimo) Una simple historia que ilustra una lección religiosa o moral.*

Note que la palabra "parábola" se deriva de las palabras "desde", "comparar", "además" – éstas son las raíces griegas para la palabra "parábola". Ellas se refieren a utilizar una cosa en comparación con otra cosa, o a usar una cosa como una ilustración paralela de algo más. Las parábolas no están restringidas al Nuevo Testamento.

*"También he hablado a los profetas y miltipliqué las visiones [chazon] ; y por medio de los profetas hablé en parábolas [damah: parecerse, asemejarse]" (Oseas 12:10)*

En estas primeras dos parábolas, Jesús nos da el significado de los símbolos y estos significados se transformarán en las claves que nos ayudarán a comprender y desarrollar los significados para las imágenes de palabras en las otras parábolas. Estas claves pasan a ser el fundamento sobre el cual construimos el diccionario de imágenes que nos ayudará a comprender las otras parábolas. Mientras nos relata el resto de las parábolas, Él gradualmente va agregando y modificando símbolos para variar su significado en relación al contexto de la historia.

Para ayudarle a desarrollar las habilidades necesarias para crear su propio diccionario de símbolos de sueños, juntos estudiaremos las dos primeras parábolas utilizando tablas. Necesitará repasar cada parábola cuidadosamente según trabaja con la tabla asociada. Sea cuidadoso, pues no todas las palabras en nuestras versiones de la Biblia están realmente en el texto griego; muchas han sido agregadas para que fluya mejor el texto o para completar una oración, como la palabra "semilla" en la primera parábola.

El Sembrador de Semillas: Mateo 13:1-23

| Símbolo Utilizado | Significado Revelado |
|---|---|
| Sembrador | Sin significado |
| Lo que es sembrado | La palabra del reino |
| Junto al camino | Escucha, pero no la entiende |
| Tierra con piedras | Escucha, pero no tiene raíz profunda |
| Tierra con espinos | Escucha, pero se ahoga |
| Tierra buena | Escucha y da fruto |
| Pájaros | El maligno |
| Espinos | Las preocupaciones del mundo |

Cizaña: Mateo 13:24–30 y 13:36–43

| Símbolo Utilizado | Significado Revelado |
|---|---|
| Sembrador | Hijo del hombre |
| Campo | El mundo |

| Buena semilla – trigo | Los hijos del reino |
|---|---|
| Enemigo | El maligno |
| Mala semilla – cizaña | Los hijos del maligno |
| Esclavos | Ángeles |
| Cosecha | El fin del mundo |
| Granero | El reino de Dios |

Disfrute este buen ejercicio, ya que los mismos principios pueden ser utilizados para desarrollar su diccionario personal de imágenes de sueño.

## Conclusión

El lenguaje de sueños es mucho más natural para nosotros de lo que primero creíamos. Nuestro objetivo fue desmitificar el lenguaje y animarlos a desarrollar destreza en la interpretación de símbolos e imágenes. Como en el estudio de cualquier idioma extranjero, la destreza viene con la práctica. Luego de la inversión de tiempo practicando, el entender los sueños será muy natural. Lo que Jesús le señaló a los discípulos con respecto a la razón de por qué utilizaba parábolas para hablarle a la gente incluye estas palabras:

*"Porque a cualquiera que tiene, se le dará más, y tendrá en abundancia; pero a cualquiera que no tiene, aún lo que tiene se le quitará" (Mateo 13:12)*

Hay, o pareciera que hay, algunos símbolos que podemos considerar comúnes o básicos. Ellos nos proporcionan un punto de partida o fundamento sobre el cual podemos construir nuestro entendimiento del lenguaje de los sueños.

# 8 Considerando el Contexto

Imagínese un día en la vida de una familia de granjeros con doce hijos. El hijo más joven es obviamente el favorito del padre. Este hijo regularmente le informa al padre acerca de las fechorías de los hermanos. Esta actividad no lo hace ganarse el favor de los hermanos.

Es tiempo de cosecha y la familia se encuentra en el campo cortando y amarrando el grano en fardos. El hijo más joven está trabajando al lado de su padre; en realidad, él está jugueteando alrededor y entreteniendo a su padre más que trabajando. Los demás trabajan duro para complacer a su padre, sin embargo, ellos no reciben su reconocimiento o atención como lo hace el hermano pequeño.

Esa noche, el hijo favorito tiene un sueño...

> *"Y él les dijo: Os ruego que escuchéis este sueño que he tenido. He aquí, estábamos atando gavillas en medio del campo, y he aquí que mi gavilla se levantó y se puso derecha, y entonces vuestras gavillas se ponían alrededor y se inclinaban hacia mi gavilla. Y sus hermanos le dijeron: ¿Acaso reinarás sobre nosotros? ¿o acaso te enseñorearás sobre nosotros? Y lo odiaron aún más por causa de sus sueños y de sus palabras"* (Génesis 37:6-8).

Como se puede dar cuenta por ahora, el contexto que le hemos dado no se encuentra registrado en la Biblia, pero bien puede haber estado cerca de la situación real. Los aspectos personales de los símbolos del sueño están presentes sin considerar el trasfondo que hemos agregado. Éste es un buen ejemplo de un sueño combinado (subjetivo/objetivo); el significado del mensaje es para otros pero afecta a quien tuvo el sueño. Nos damos cuenta que José participa del sueño al comienzo, al atar las gavillas, pero luego, y en la mayoría del sueño, José sólo observa. Su segundo sueño acerca del sol, la luna y las once estrellas, sin embargo, es objetivo y se refiere a los otros.

Ya que el contexto puede ser muy importante para entender el mensaje del sueño, éste agrega dificultad a la interpretación del sueño de otra persona, por lo que debemos ser cuidadosos al intentar interpretar sin la clara dirección del Espíritu Santo.

El contexto de la vida de quien recibe el sueño en ese momento puede ser clave para entender los símbolos y el mensaje de este sueño. Es importante para el sueño como lo es el color para el semáforo – verde, amarillo o rojo, cada color entrega un significado diferente, siendo todas luces. Es peligroso aproximarse al sueño de otra persona sin conocer y/o entender las circunstancias en la vida de esta persona, y/o la dirección divina y ungida para interpretar el sueño.

>Sueño: *Estábamos en la playa y encontramos un koala enterrado hasta la mitad en la arena. Parecía estar muerto. Mi hermana lo tomó de sus orejas y lo tiró fuera de la arena. De pronto comenzó a contonearse y ella lo dejó abajo. Éste corrió hacia un árbol y firmemente trepó hacia arriba.*

¿Qué podría significar este sueño? ¿Cómo puede el koala ser un símbolo personal para alguien que vive en Norteamérica? Analizar este sueño combinado en el contexto de nuestras vidas al momento del sueño nos lleva a la clave del significado. Dianne estaba en el proceso de postulación para un intercambio como profesora con destino Australia (koala) y yo iría acompañándola. El proceso parecía haberse detenido (estancado en la arena) y la fecha de entrega se aproximaba rápidamente. Nuestras oraciones y una llamada telefónica (la oreja), con la ayuda del Espíritu Santo (hermana), provocó que el proceso fuera liberado (empujó hacia arriba), ayudando a que el trámite de los documentos se agilizara nuevamente (trepar) para estar a tiempo con la fecha límite. Este libro se terminó mientras estuvimos en Australia.

Sueño: *Un perro negro se me acercó. Actuaba sigilosamente. Sabía que trataba de ir detrás mío para morderme. Mantuve mi maletín frente a mí para impedir que avanzara. El perro trató de pasar por debajo de mi maletín.*

¿Qué significó este sueño subjetivo? Déjeme agregar la siguiente información acerca del contexto y vea si le ayuda. Al momento del sueño, yo tenía un colega, que a mis espaldas, me criticaba a mí y a mi trabajo.

¿Puede completar esta tabla?

| Símbolo/Emoción/Acción | Significado |
|---|---|
| Perro negro | |
| Sigiloso | |
| Detrás de mí | |
| Morder | |
| Maletín | |

Creo que el Padre quería que yo estuviera en conocimiento de la situación. Él está muy interesado en nuestra vida diaria. Yo experimenté fuerza y ánimo por sólo darme cuenta que Él estaba al tanto de lo que a mí me estaba pasando. No se nos dio ninguna directriz en el sueño, por lo que comenzamos a orar por este colega.

Usted puede ver que conocer el contexto del sueño puede ser una clave muy importante para llegar al significado del sueño. Se entiende por contexto simplemente a aquellos eventos activos en la vida de la persona que recibe el sueño al momento de soñar y, como lo muestra el ejemplo, el contexto es un puente muy importante para unir el sueño con la interpretación del mismo.

## Puente

Como una ilustración adicional del contexto, ¿qué hace usted si alguien que usted no conoce le dice que era muy importante reparar "el puente"? ¿piensa en la estructura de acero en forma de arco sobre un río o tal vez en un patrón de cuerdas y tablas de oscilación que se expande a los lados de un cañón? Un banquero podría pensar en un tipo de transacción financiera y un dentista podría ver el reemplazo de uno o más dientes. Un optometrista visualiza el puente de una nariz que está sosteniendo lentes, mientras que el violinista piensa acerca del puente que sostiene las cuerdas tensas y altas sobre la caja armónica. Para otros, esto podría ser el puente de un barco en un crucero, un juego de cartas, una franja angosta de tierra entre dos continentes, o un descanso para apoyar el taco de billar en un tiro difícil. Para los ingenieros, esto podría ser un tipo especial de circuito eléctrico, la conexión entre átomos y moléculas, o podría ser alguna otra entidad o concepto en un campo que aún no hemos alcanzado. Esto es sólo un ejemplo para destacar lo importante que es el trasfondo de la persona que recibe el sueño en el contexto del mismo. A medida que gana experiencia en la interpretación de los sueños usted comenzará a reconocer cuando el contexto es importante y cuando no. Habrán oportunidades cuando Dios elige hablar de algun tema especial que es parte de Su agenda y no la nuestra.

Nos hemos dado cuenta que puede haber una demora de uno o más días entre el evento (contexto) y el sueño. Cuando usted anota sus sueños, recuerde mirar atrás algunos días para ver si hay alguna señal que incluir en el registro de su sueño. Es posible que la pista, señal o clave venga en los días por venir. Si el significado no parece ser evidente, déjelo a un lado y espere; sólo no permita que la frustración nuble lo que está recibiendo (metafóricamente hablando, por supuesto).

Daniel entrega una imagen interesante que dice la causa de la demora que él tuvo para la respuesta de una de sus oraciones:

> *"Entonces me dijo: No temas, Daniel, porque desde el primer día en que te propusiste en tu corazón entender y humillarte delante de tu Dios, fueron oídas tus palabras, y a causa de tus palabras he venido. Mas el príncipe del reino de Persia se me opuso por veintiún días, pero he aquí, Miguel, uno de los primeros príncipes, vino en mi ayuda, ya que yo había sido dejado allí con los reyes de Persia"* (Daniel 10:12-13).

Fue importante que, desde el momento que Daniel oró, Dios envió una respuesta. Incluso en este discurso entre el ángel y Daniel, vemos simbolismo en la frase "el príncipe del reino de Persia". Esta frase tuvo significado para Daniel. Al momento de la visión, Daniel estaba bajo la autoridad de Ciro, rey de Persia. Sin embargo, sabemos que ningún rey o príncipe podría detener a un ángel con un mensaje de Dios. Por este motivo, hemos considerado este término "el príncipe del reino de Persia" como un símbolo de un principado, una potestad, poderes de este mundo de tinieblas, o las huestes espirituales de maldad como lo describe Efesios 6:12. El término "príncipe del reino de Persia" puede haber sido tan común para Daniel en su cultura como es el término "poderes de las tinieblas" para nosotros hoy.

## Conclusión

El contexto puede ser importante para ayudarnos a entender el significado de nuestros sueños. Esto es especialmente así en relación con nuestros sueños subjetivos – aquellos sueños para y acerca de nosotros mismos.

Los sueños objetivos, que son para otros o para una comunidad de creyentes, pueden no ser entendidos en el contexto de la vida personal de quien recibe el sueño, pero más aún en el contexto de la vida de aquellos para quien el mensaje del sueño está dirigido. Esto provoca muchas preguntas con respecto a la correcta manera de aproximarnos o responder a los sueños que recibimos.

# 9 Interpretando los Símbolos de los Sueños

Sueño: *Estaba en un ring de boxeo esperando que la campana sonara para comenzar el primer round. Me dijeron que no hiciera nada. La campana sonó. Nos movimos y bailamos alrededor pero no hicimos nada. La campana sonó para que terminara el round. Me senté en mi esquina. La campana sonó nuevamente para comenzar el segundo round por lo que me levanté y avancé. Nos golpeamos. Le pegué, él me perdió. Yo le arrojé un combo izquierdo/derecho y él cayó al piso para la cuenta. Regresé a mi esquina y dije: "Lo tengo". Mi entrenador dijo:"sabía que lo podías hacer".*

Vale la pena repetir esto: necesitamos ser muy cuidadosos con la lista de símbolos de otra persona. Es como estar leyendo su carta de amor y apoderarnos de ella. Carecemos de la historia o contexto que hace que la carta sea especial para la persona que le fue enviada. Yo (Steve) fui boxeador por un par de años los símbolos del sueño tienen significado personal por esta razón.

El significado de los símbolos puede cambiar o ser modificado por la persona que recibe el sueño. Por esta razón, debería ser cuidadoso de no hacer del significado de un símbolo algo absoluto. Muchos significados de símbolos pueden variar de sueño a sueño. Considere la imagen del "león". Éste puede representar a Jesús como el "León de Judá", a satanás como "el león rugiente", o algo muy diferente para alguien en otro país donde los leones son un peligro.

Pareciera ser que hay un significado bueno y otro malo para muchos símbolos dependiendo de su contexto en el sueño. Evalúe cada significado utilizando los detalles del sueño tales como el color del símbolo, la postura, los ojos, el tamaño, y especialmente las emociones que experimenta quien sueña mientras dura el sueño. Todo esto en su conjunto es clave para comprender los símbolos.

Ponga atención a qué tan antiguos o modernos son los símbolos, por ejemplo, la casa de su juventud versus su casa actual. Esto es importante, especialmente en cuanto a sanidad, ya que ayuda a identificar el tiempo del mensaje. Muchos símbolos puede tener significados bíblicos como también una variedad de significados personales. ¿Qué significado escogería usted? Buscar el mensaje de Dios en sus sueños requiere que usted sea muy honesto consigo mismo. Nosotros podríamos elegir creer en un significado en vez del otro porque éste es más favorable. Sin embargo, hacer esto nos robará la verdad y los beneficios del mensaje. Creemos que habrá un testigo en nuestro espíritu cuando hayamos escogido el significado correcto y habrá un sentimiento de inquietud si escogemos el significado erróneo. Esto también es parte del proceso de crecer en el entendimiento del lenguaje de los sueños.

Los siguientes son símbolos que parecen ser comúnes entre las personas de nuestra cultura. Por favor sea cuidadoso con ellos. Le pedimos que los considere como ejemplos, o maneras de acercarse a los símbolos en sus sueños con la vista puesta en la creación de su propio diccionario personal de símbolos de sueños.

Recuerde, también, que un símbolo como una casa tendrá un significado diferente para un carpintero o para un trabajador de construcción y una cocina para un cocinero que para la mayoría de nosotros que no estamos en esas labores. Siempre busque un significado o interpretación que sea personal para quien recibió el sueño.

## Personas

Las personas en los sueños personales o subjetivos pueden representar su rol en la relación que tienen con nosotros o lo que su caracter representa para nosotros.

Parece que a menudo nos confundimos con las personas que aparecen en nuestros sueños. Nos es difícil separar nuestras vidas del hecho que los conocemos. El enfoque que debemos tener al enfrentarnos a uno de ellos es tomarlos como actores en nuestra película. Si vemos a John Wayne en una película bajo el rol de cowboy en los 1800 y más tarde, en otra película, como un general en la Segunda Guerra Mundial, no nos causa problema desvincular a John, la persona, del rol que está realizando en la película, sea que esté montando un caballo o manejando un Jeep. En estas películas lo importante es el rol que desempeña más que quien él es. Si nos enfocamos en quien es el actor perderemos el argumento de la película – lo mismo ocurrirá con nuestros sueños. Desconecte quien es la persona y concéntrece en el rol que juega en nuestro sueño/ película personal o subjetivo.

Mientras más cercana sea la persona en nuestro sueño, más probabilidades hay que esté representando algún aspecto de nuestras vidas, un problema interno. Las personas en nuestro sueño que en la vida real son familia o amigos cercanos, dependiendo de su rol en el sueño, pueden representar problemas internos. Aquellos en el sueño que no conocemos pero responden a emociones pueden representar problemas internos. Aquellos que no conocemos y con quienes no nos conectamos emocionalmente en el sueño usualmente representan cosas externas a nosotros mismos, un problema externo. Problemas internos son cosas como problemas con el corazón, sanidad interior y problemas de santificación. Los problemas externos se refieren a aquellos relacionados al ministerio o al trabajo que se realiza.

Ponga atención al nombre de las personas en sus sueños, especialmente si se nombra a la persona. El nombre de las personas tiene significado y podría ser importante para el sueño. Por ejemplo, el nombre "Ana" significa gracia. A menudo sueño con mi hermana Ana caminando conmigo en sueños. Un hermano mayor querido por nosotros, puede, como en mis sueños, representar a Jesús.

- Padre: Dios Padre, o las heridas causadas por ese padre
- Madre: Dios Espíritu, o las heridas causadas por esa madre
- Abuelos: problemas generacionales o iniquidades
- Hermano/a: Jesús, problemas del corazón, cosas que ves en ellos
- Bebés: algo nuevo que viene a tu vida, o problemas en la niñez
- Un profesor: el Espíritu Santo
- Una persona desconocida a tu lado: Jesús o el Espíritu Santo

**Edificios**

Generalmente, los edificios representan facetas estacionarias o estáticas en su vida. Muchas veces somos un hogar o edificio que no reconocemos y encontramos que esto todavía representa la vida de quien recibe el sueño y a menudo habla acerca de un aspecto de su vida del cual no está consciente. Puede que usted reconozca la casa como una en particular, una en la que vivió cuando era pequeño, adolescente, etc. Observe este símbolo como para identificar el marco de tiempo para el mensaje de este sueño. Estos sueños a menudo tratan con un problema de sanidad y son estudiados en detalle en el libro *Sueños que Sanan y Aconsejan*. Estos sueños son importantes para nuestro proceso de santificación.

- Casa: su vida personal
- Edificio de muchos pisos: su vida en comunidad o su congregación
- Cabaña: su tiempo libre, relajo

- Fábrica/Oficina: su trabajo, a lo que se dedica
- Carpa/Hotel: un lugar temporal

## Habitaciones

Las habitaciones están relacionadas con los edificios y son importantes pues están enfocadas más de cerca con áreas específicas de su vida. Representan problemas internos que Dios desea tratar o hacerle saber de ellos.

- Dormitorio: lugar de intimidad, descanso o abuso
- Baño: lugar de limpieza
- Inodoro: sanidad interior, limpieza profunda
- Ducha: limpieza externa
- Living: vida diaria
- Subterráneo: cosas bajo la superficie, un área escondida de su vida
- Closet/Atico: un lugar de secretos personales o de familia
- Sala de clase: lugar de aprendizaje o trabajo si usted es un profesor

## Vehículos

La parte activa de su vida – su ministerio o profesión – puede ser representada por vehículos. Si usted es un conductor de una camioneta, un auto mecánico o un taxi esto puede cambiar para usted. Alguien que haya experimentado un accidente en auto también puede darle un significado personal a estos símbolos. Esté atento a estas diferencias:

- Monociclo: solo e inseguro
- Bicicleta: trabaja en algo solo y con sus propias fuerzas
- Motocicleta: trabaja solo en algo con poder
- Auto: un ministerio o profesión con espacio para otros
- Bus : una congregación/ ministerio comunitario

- Taxi: alguien lo está llevando

## Aviones

Generalmente los aviones se refieren a un ministerio o posición espiritual más alta, el alcance de lo cual es representado por el tamaño del avión – a menos que usted sea un piloto. Cada uno de estos símbolos puede ser modificado por la acción que esté a ellos asociada durante el sueño.

- Pequeño: su ministerio espiritual personal
- Grande: ministerio de la congregación/comunidad
- Jet: alta velocidad
- Planeador: descendiendo – sin poder
- Globo aerostático: ¿podría su vanagloria ser todo lo que lo mantiene a flote?

## Barcos y Botes

Estos son similares a los vehículos pero tienen más peso global, ya que no están limitados a viajar por tierra.

Sueño: *Yo estaba pescando junto a otras personas. Ellos estaban sobre canoas y yo sobre un tabla plana. Ibamos a diferentes lugares del mundo a pescar.*

¿Era mi perspectiva demasiado pequeña para los planes de Dios? Un año después del día siguiente que tuve el sueño, aterrizamos en Australia debido a un intercambio de profesores que fue posible realizar a través de la Junta de Educación.

## Acción

Como podría esperar, la acción en un sueño puede ser un indicativo o descripción de progreso y logro. Las acciones en el sueño a menudo modifican o identifican el enfoque que deberíamos darle a un símbolo en particular.

- Correr: mucha actividad
- Esconderse: no se arriesga

- Trepar: avanzando en su propia fuerza
- Caminar: progreso lento
- Volar: alcanzando nuevas alturas espirituales
- Flotar: siendo sostenido por el Espíritu
- Caer: usualmente un modificador negativo del símbolo

**Animales**

Al soñar con un animal, generalmente observamos las características del animal. Algunas son enumeradas a continuación y obviamente son principalmente de animales norteamericanos. Cualquiera sea el país, aprenda el rasgo de los animales locales –especialmente si usted no tiene una historia personal con ellos. Estos significados cambian mucho con el trasfondo o estilo de vida de quien recibe el sueño.

- León: corage, autoridad; Jesús; satanás
- Oso: braveza, ira, ataque demoníaco, un problema de hibernación
- Oveja: cristianos; manso, silencioso, desobediente
- Serpiente: involucramiento demoníaco, decepción, mentiras
- Araña: presencia demoníaca, trampa, telaraña
- Abejas: fastidio demoníaco
- Pez: ministerio evangelístico
- Perros: fidelidad; ataque humano, incrédulo

**Agua**

En las Escrituras, el agua a menudo representa al Espíritu Santo, pero es importante no quedarse pegado en esta única interpretación. Observe más allá de la presencia del agua. Encuentre la fuente o la calidad del agua de modo de obtener alguna dirección acerca del significado del agua. Al decir esto me refiero a si el agua está fresca, es clara, está sucia, está estancada, está fluyendo, etc.; estas cualidades tienen un impacto importante en el significado. Un conocido estaba trabado con que el agua en su sueño representaba al Espíritu Santo, aunque el agua provenía de un tarro de basura.

- Río: el fluir/mover del Espíritu
- Zanja: el fluir/caminos del mundo
- Lago: la obra del Reino
- Océano/mar: el mundo
- Estanque: comunidad local
- Corriente: progreso rápido
- Rápidos: mucha velocidad con riesgo

## Colores

Los colores pueden tener tanto un significado personal como bíblico. Algunos sugieren que los sueños en colores provienen de Dios y no así los en blanco y negro. Nosotros no creemos que éste sea el caso en los sueños que hemos interpretado. Más aún, nosotros tratamos el color como un símbolo o como un modificador del símbolo. Nuestro primer enfoque es identificar cualquier experiencia personal con el color en el sueño.

- Rojo: sangre redentora; alerta; peligro
- Naranjo: corage; alabanza; advertencia
- Amarillo: gloria; temor; advertencia
- Azul: revelación; cielo; depresión
- Púrpura: realeza; autoridad; dignidad real
- Negro: demoníaco; pecado; muerte
- Blanco: pureza; santidad; justicia
- Verde: vida eterna; nuevo comienzo; seguridad
- Arcoiris: pacto

## Números

Los significados de los números que se detallan a continuación usualmente provienen de la Biblia. Por ejemplo, el número seis proviene del hecho que los seres humanos fueron creados el sexto día. Ira Macmillan[59] ha investigado minuciosamente los números; pero nuevamente, si un número en particular tiene un significado especial para usted, considérelo seriamente al momento de interpretar su sueño.

- 1: comienzo; soltería; Dios
- 2: unión; testigo
- 3: Divinidad; testimonio perfecto
- 4: relacionado a la tierra
- 5: gracia; ministerio
- 6: género humano; raza humana
- 7: Dios; integridad; perfección
- 8: plenitud; nuevo comienzo; Espíritu Santo
- 9: bendición; fertilidad
- 10: ley; juicio; prueba; gobierno humano
- 11: ilegalidad, estado incompleto
- 12: gobierno divino, apostólico
- 30: lamento; madurez
- 40: prueba; tribulación, generación
- 50: celebración; ceremonia; jubileo
- 70: comités humanos y de juicio

## Conclusión

Dudamos en entregar estos símbolos pues creemos fuertemente en el enfoque personal de los símbolos de los sueños. Proveer cualquier lista crea la oportunidad de dar un mal uso a la información. Nuestra lista está a su disposición

---

[59] Milligan, Ira L. *Every Dreamer's Handbook*. Shippensburg, PA: Treasure House, Destiny Image Publishers, 2000.

como ejemplos de uso de los símbolos, como una guía no una solución al significado de sus propios símbolos. Usted, con el tiempo, desarrollará su propio diccionario personal de símbolos de sueños con significados que probablemente diferirán de los proporcionados en la lista. Devotamente considere el significado de sus símbolos o discuta el significado del símbolo con alquien cercano que lo pueda ayudar a comprender el lenguaje de su sueño.

El último tema importante en cuanto al entendimiento del sueño, especialmente sueños subjetivos, involucra el contexto. Cuando sueñe, tome nota del contexto – los eventos en su vida al momento del sueño – ya que gran parte de la ecuación en el total entendimiento de su sueño es un asunto de contexto. Es en el contexto de nuestras vidas al momento del sueño que los símbolos comienzan a tener sentido y nos guían al entendimiento.

# 10 Propósito de los Sueños

Todo mensaje de los sueños, sin considerar el tipo de sueño, tiene propósito y es beneficioso su uso. Pablo nos dice que la Biblia es "inspirada" por Dios, o "el aliento de Dios" (*theopneustos*) – el significado literal de la palabra griega utilizada por el apostol en el siguiente verso:

*"Toda Escritura es inspirada por Dios y útil para enseñar, para reprender, para corregir, para instruir en justicia"* (2 Timoteo 3:16).

La raíz de la palabra *theopneustos* son el sustantivo *theos* que significa "Dios" y el verbo *pneo* que significa "soplar". Esta última palabra también es la raíz de la palabra *pneuma* que significa "viento" o "aliento", pero que usualmente es traducida como "espíritu". Esto nos entrega una imagen del aliento de Dios o del Espíritu de Dios viniendo sobre los escritores del texto original, guiándolos en la verdad que Él deseaba fuera registrada para nuestro beneficio.

El versículo de 2 Timoteo nos dice que estas Escrituras inspiradas por Dios son útiles para enseñar, reprender, corregir e instruir. ¿Cuánto de la interacción de un padre/madre con su hijo está cubierto por estos temas? Nuestras experiencias con los sueños han señalado que éstos son fundamentales para su función. Nosotros agregaríamos que los sueños son dados también para animar y como una expresión del amor de Dios por nosotros.

En la interpretación de los sueños, un principio clave es que el entendimiento e interpretación debe estar en acuerdo con la enseñanza y propósito de las Escrituras. Por ejemplo, una interpretación correcta de un sueño jamás sugeriría dañar, defraudar o difamar a una persona. Estas acciones son opuestas al mandamiento de amarnos unos a otros como nos amamos a nosotros mismos. La interpretación de cualquier sueño nunca debería contradecir la Palabra de Dios.

Hemos creado una lista de varios propósitos que pueden ser aplicados tanto a sueños subjetivos como a sueños objetivos. Sin duda esta lista no es exacta, pero podría ayudarnos a entender los sueños que tenemos.

### Sueños Vocacionales

Dios tiene un plan para nuestras vidas tanto como lo ha señalado para la nación de Israel en Jeremías 29:11.

> *"Porque yo sé los planes que tengo para vosotros – declara el Señor – planes de bienestar y no de calamidad, para daros un futuro y una esperanza".*

Si lo seguimos, Él nos enseñará acerca del llamado o profesión que Él tiene para nuestras vidas. Esto puede incluir también un entendimiento de nuestros dones y unción. En esencia, Él nos dice Su plan y propósito para nuestras vidas a través de un sueño vocacional. Esto es a menudo hecho un paso a la vez.

> Sueño: *Yo estaba en el agua nadando. Había mucha agua. Yo estaba en agua no profunda. El agua era clara y azul. Habían grandes peces, como el tamaño que el salmón solía ser. Los peces grandes estaban por todo alrededor, yendo lentamente en la dirección general del agua más profunda. Había muchos, muchos de estos peces. Era fantástico.*

El contexto era que quien recibió el sueño pasó algunos años en la costa oeste de Canadá donde el salmón grande nada y es la comida favorita. A partir de este trasfondo, quien recibió el sueño comprendió cuán grande el salmón puede llegar a ser y cuán profunda el agua puede ser. El sueño habló de agua, lo que para quien soñó, representó el ministerio, y el agua era muy profunda. En el sueño, la persona estaba nadando en agua no profunda; incluso ahí, sin embargo, la persona estaba nadando con los "peces grandes" representando a aquellos que ya tienen un ministerio importante. La dirección de los pescados indicaba un mover general en las aguas más profundas, representando un mover a un nivel más profundo del ministerio.

Los siguientes son dos sueños que yo (Steve) tuve con un mes de diferencia.

Sueño: *Yo estaba en una casa y el dueño estaba ahí – a mi izquierda. Alguien vino a la puerta y arrojó un ratón blanco con gris. Había otro ratón similar pero más pequeño arriba. El ratón más grande subió para encontrarse con el ratón más pequeño. Cuando llegó al final de la escalera, se encontraron y pelearon. Corrí para detenerlos y separarlos. Ambos estaban heridos. Cuidadosamente tomé al más pequeño en mis manos y lo llevé abajo. Se lo mostré al dueño de casa y luego, para mantenerlos aparte, lo dejé a un lado de un tubo de lavandería de concreto viejo. No quería estar ahí y tener que pelear por salir. Finalmente, logró saltar y arrastrarse sobre el divisor central. Según se arrastraba, cayó en un cubo a ese lado. El cubo estaba lleno con un limpiador de pintura y estaba blanco por una limpieza previa. Cayó bajo la superficie del limpiador. Cuando salió, estaba todo blanco. Dobló sus piernas frontales sobre la tapa del cubo, descansó su mentón sobre sus piernas, y permaneció en esta posición con una sonrisa burlona y una mirada serena en su cara.*

Sueño: *Yo estaba en un estanque de agua. Había alguien a mi lado izquierdo. Mientras estaba ahí, un pequeño gorrión cayó al agua frente a mí. Estaba en pánico, batiendo sus alas. Se cansó rápidamente y se comenzó a hundir. Lo alcancé, puse mis manos bajo su cuerpo y lo saqué del agua. Me giré para mostrárselo a quien estaba a mi izquierda y luego me giré para dejarlo en la tierra al borde de la piscina. Ahí, donde estaría seguro, se podría recuperar y volar nuevamente.*

Al despertar del segundo sueño, estaba impresionado por las similitudes con el primer sueño y le pregunté al Padre que significaban. Él dijo, "quiero que ayudes a las personas". En ese momento yo aún estaba siendo entrenado para ser consejero pastoral, específicamente en el ministerio de oración por consejería que trata con la sanidad interior de las emociones y los recuerdos. Ese "alguien" a mi lado supe inmediatamente era Jesús, Admirable Consejero.[60]

Un importante punto para recordar acerca de cualquier "llamado" a nueva vocación es que existe un tiempo para ser entrenado. A menudo estamos tentados, luego de recibir un "llamado", a correr y comenzar a trabajar. El llamado no es la comisión, por lo tanto espere la comisión antes de actuar. El apóstol Pablo pasó tres años en Arabia,[61] tres años en las "regiones de Siria y Cicilia"[62], y un año en Antioquía con Barnabas[63] antes que fuera comisionado a realizar la obra de su llamado por el Espíritu Santo.[64]

Fue muchos años después de ser ungido que David se transformó en el rey de Israel. ¿Recuerda los cuarenta años de entrenamiento de Moisés como líder de rebaños más grandes antes de ser comisionado en el arbusto en llamas? Nuestra meta debe ser seguir al Señor, no correr delante de Él.

---

[60] Isa 9:6
[61] Gal 1:17
[62] Gal 1:21
[63] Acts 11:26
[64] Acts 13:1-3

## Sueños Purificadores

¿Ha estado alguna vez cerca de un zorrillo? El fétido olor del zorrillo satura y penetra cualquier grosor de ropa que esté usando como también cualquier parte del cuerpo que esté expuesta. En resumen, todo lo que esté cerca de la hediondez del zorrillo adquirirá la fetidez.

Vivimos en un mundo imperfecto, lleno de fetidez espiritual, por lo que estamos susceptibles a contraer "material espiritual" sólo por estar fuera en un día normal. Esto puede ocurrir inconscientemente, mientras caminamos por las calles, estando en el lugar de trabajo, viajando, etc. Imágenes, sonidos, olores, etc, pueden tener un efecto en nosotros y necesitan ser sacados de nuestra mente y cuerpo. Los sueños purificadores son una manera de remover los efectos del día en nosotros. También, luego de un tiempo de ministerio de consejería, es normal y se recomienda que los consejeros oren una oración para ser purificados y sea removido todo pensamiento o imagen que pudiera persistir y abrir una puerta a lo demoníaco.

Una amiga y yo (Dianne) nos hemos reído nerviosamente muchas veces debido a sueños que hemos tenido en baños e inodoros. Al comienzo, nos daba vergüenza compartir estos sueños debido a su naturaleza, pero luego comprendimos que tener estos sueños era bueno pues significaban que habíamos sido purificadas de algo durante la noche. Ni siquiera teníamos que saber de qué habíamos sido purificadas, ya que Dios estaba en control, razón que fue suficiente para nosotras para sentarnos relajadamente y sonreir al ver Su cuidado por nuestras vidas.

Sueño: *Yo estaba sentada en el tocador del baño. Sentí que goteaba agua sobre mi cabeza. Luego sentí que me llegaban chorros de agua a través de la ranura en la puerta y supe que Steve estaba haciendo payasadas por ahí. Dejé el baño con la toalla puesta en mi pelo húmedo.*

Cuando desperté del sueño, sentí que estaba lavada y limpia en mi espíritu por Jesús, quien era representado por Steve. De nuevo, los sueños que involucran no sólo inodoros, sino también duchas, baños, etc, pueden ser vergonzosos para quien los sueña, sin embargo, creemos que a menudo son buenas imágenes que representan una limpieza o purificación que el Padre está haciendo.

## Sueños de Advertencia

Los sueños de advertencia nos exhortan a no hacer ciertas cosas y algunas veces nos dicen las consecuencias de ellas si continuamos en los mismo. Génesis 20:3 nos dice:

*"Pero Dios vino a Abimelec en un sueño de noche, y le dijo: He aquí, eres hombre muerto por razón de la mujer que has tomado, pues está casada".*

Si Abimelec hubiese escogido ignorar el sueño, las consecuencias habrían sido muy serias; ¡él habría muerto!

En Génesis 31:24, Dios advirtió a Labán de no hablar en contra de Jacob:

*"Pero Dios vino a Labán arameo en sueños durante la noche, y le dijo: Guárdate que no hables a Jacob ni bien ni mal".*

Jacob y sus parientes huyeron en secreto de Labán, él tenía miedo de lo que podría pasarle a él y a sus esposas, hijos y ganado si Labán finalmente los atrapaba.

Dios le dijo a Labán, el sirio, que no hablara malas palabras (amenazas, deshonra) a Jacob. Sin embargo, Dios también le advirtió a Labán no decirle buenas palabras (agradables de escuchar) para persuadirlo de permanecer con él por más tiempo. Labán había engañado a Jacob para que se quedara con él en el pasado como una manera de pagarle por el matrimonio con sus hijas. El propósito de Dios requería que

Jacob regresara a la Tierra Prometida tal como fue expresado en otro sueño.[65] Labán no tenía que intervenir en estos planes. Cuando Labán se encontró con Jacob, Labán obedeció lo que Dios le dijo en el sueño. Tanto Jacob como el bienestar de la nación fueron preservados debido al sueño de advertencia.

En Mateo 2:12, Dios le dio un sueño de advertencia al mago:

*"Y habiendo sido advertidos por Dios en sueños que no volvieran a Herodes, partieron para su tierra por otro camino".*

Ellos obedecieron la advertencia y Herodes no tuvo acceso inmediato al hijo de Dios.

Se nos acercó una mujer con gran interés por comprender un sueño que había tenido recientemente, por lo que nos describió el sueño. Mientras escuchábamos su relato también estábamos atentos a cualquier cosa que el Señor quisiera decirnos respecto del sueño. Cuando terminó su relato, le pregunté si ella se sentía atraída por el alcohol o si es que había un problema de alcohol en su línea familiar. Ella se mantuvo en silencio y no necesitó escuchar más detalles. Entendió inmediatamente que el Señor la estaba advirtiendo acerca de esa área en particular en su vida.

## Sueños de Ánimo

Algunas veces Dios utiliza sueños para mostrarnos donde estamos y animarnos al respecto. Estos sueños nos motivan a continuar con las cosas de Dios.

Sueño: *Había un bufet. La mayoría de las personas ya habían hecho la fila. Yo era uno de los últimos. Las fuentes estaban casi vacías. Quedaba muy poco. No me preocupé pues sería suficiente. Habían dos personas detrás de mi comentando acerca del*

---

[65] Génesis 31:10-13

*miserable abastecimiento de alimento. Yo ví una cacerola con su tapa puesta. Toqué la tapa, estaba tibia. Me las arreglé para poner la tapa al lado y vi que tenía mariscos muy apetitosos como los camarones. Estaban en una salsa cremosa y supe que me encantarían.*

El contexto en que ocurrió el sueño fue en un momento en que yo (Dianne) tenía problemas en mi puesto de trabajo. Me estaba sintiendo como si estuviera en un lugar seco (no quedaba mucho alimento). Por cierto que no era un tiempo de abundancia en mi vida.

El sueño me ayudó a comprender que Dios sabía que había algo de contentamiento en la situación que estaba viviendo (quedaba poco alimento) y que yo no estaba refunfuñando o quejándome como las otras dos personas que aún estaban en la fila. En medio de esto, el sueño me dio ánimo y esperanza para continuar, porque aunque parecía quedar poco, aún había algo en una cacerola que se mantuvo cálido y estaba preparado justo de la manera que yo, quien recibió el sueño, me gusta.

## Sueños que Guian

Estos sueños corresponden al tipo de sueños en los cuales quien recibe el sueño recibe guía o dirección para su vida.

> *"Por la noche se le mostró a Pablo una visión* [horama]: *un hombre de Macedonia estaba de pie, suplicándole y diciendo: Pasa a Mecedonia y ayúdanos. Cuando tuvo la visión* [horama], *enseguida procuramos ir a Macedonia, persuadidos de que Dios nos había llamado para anunciarles el evangelio"* (Hechos 16:9-10).

Dios habló con Pablo a través de esta visión con respecto a un cambio de planes o a un cambio de dirección y Pablo respondió en seguida arreglando un viaje misionero hacia Macedonia.

El Señor sabe cuánto luchamos deseando seguirlo sin saber a donde ir. Los sueños pueden ser una fuente de información para guiarnos.

En Mateo 2:13-14, leemos acerca de un sueño direccional:

*"Después de haberse marchado ellos, un ángel del Señor se le apareció a José en sueños, diciendo: "Levántate, toma al Niño y a su madre y huye a Egipto, y quédate allí hasta que yo te diga porque Herodes va a buscar al Niño para matarle". Y él, levantándose, tomó de noche al Niño y a su madre, y se trasladó a Egipto".*

Dios le dijo a José que tomara a María y a Jesús y que los llevara a Egipto; debido a que José obedeció, la vida del hijo del hombre se salvó. El sueño también le indicó a José permanecer en Egipto hasta que Dios le diera mayor dirección.

Una esposa de pastor acompañó a su esposo a una entrevista a una congregación a la parte oeste del país. Cuando ella vio la casa parroquial, la reconoció. Ella había visto ésta misma casa en un sueño. El Señor sabía que ella se había mudado muchas veces en su vida y sabía que esta mudanza era muy difícil para ella. En Su misericordia y gracia, Él la preparó para otro cambio permitiéndole conocer la próxima casa, por dentro y por fuera, incluso antes que se cambiara a ella. Él también con esto le aseguró a ella que Él estaba dirigiendo este cambio. Esto también le confirmó al esposo que era el Señor quien estaba dirigiendo su ministerio, siendo éste su próximo lugar de servicio.

Yo (Steve) tuve una serie de sueños relacionados con casas. Cada sueño vino con semanas de diferencia pero con un tema en común.

*1) Nosotros comprabamos una casa nueva. Nos mudábamos. Teníamos un cachorro negro pequeño Tenía una correa. Cuando intentamos que entrara a la casa él se puso a pelear con la correa. No quería entrar, pero yo tiré fuerte de la correa y entró. La casa era muy pequeña. Nuestras cosas difícilmente entrarían. Nos dimos cuenta que esta casa era muy pequeña así es que nos devolvimos a nuestra antigua casa. En esta oportunidad el cachorro entró de inmediato a la casa. Sin embargo, cuando entramos a la antigua casa, encontramos que ésta también era muy pequeña.*

*2) Vi una casa que se abría o desdoblaba en diferentes capas para terminar siendo una gran casa. Era como una tarjeta de saludos 3D que se abría.*

*3) Yo tenía una casa. Estaba en una propiedad grande. Yo expandía la casa para llenar la propiedad.*

*4) Yo estaba trabajando en un proyecto. Éste involucraba una barra de metal redonda que me recordó una similar que yo realmente estaba usando, pero ésta era muy grande. Este proyecto era demasiado grande para que cupiera bajo el techo de la casa. Mientras observaba, los lados y frente de nuestro pórtico se expandieron por si solos y un nuevo techo se formó sobre el nuevo pórtico. Ahora la casa era lo suficientemente grande para el trabajo.*

Las casas en los sueños – en mis sueños al menos – se refieren a mi vida personal. Quisiera que viera el progreso de esta serie de sueños que guían. Esto comenzó con el reconocimiento que las cosas eran demasiado pequeñas y había resistencia a cambiar lo que necesitaba ser superado. Ese cambio no mejoró las cosas, y el regresar no era la solución, me mostró que mi pensamiento había sido muy pequeño. El segundo sueño mostró como se desdoblaba una nueva casa. El tercer sueño mostró como la casa se expandía para llenar la propiedad. El cuarto sueño mostró la habilidad de la casa para crecer y cumplir con cualquiera fuese la necesidad. Yo habría perdido esta serie de sueños si no los hubiera registrado y no los hubiera revisado. Dios me ha dado ánimo mientras me ha preparado para un cambio de dirección para mi vida, cambio que ha estado ocurriendo.

## Sueños Reveladores

El Señor da sueños que revelan algo que no se sabía o acerca de eventos futuros. Algunas veces estos sueños reveladores son para quien tiene el sueño (subjetivo) y otras veces hablan acerca de alguien de la familia, congregación, ciudad, o el mundo (objetivo). Ahora detallaré un sueño que yo (Steve) tuve y cómo me ayudó:

> Sueño: *Yo estaba en mi casa. Un gran oso un tanto gris estaba tratando de entrar. Estaba rompiendo la puerta. Yo corrí hacia otra habitación y cerré la puerta. El oso empezó a romper esa puerta. Yo sabía que quemar aceite de roble servía para repeler a los osos, así es que le prendí fuego a un poco, esperando que el humo repeliera al oso. Sin embargo, el oso se ponía cada vez más rabioso.*

Al día siguiente, fui al trabajo y totalmente determinado revisé uno de mis proyectos. Este proyecto involucraba el uso de un lubricante cortador que nombramos "Aceite de Roble". Encontré y corregí un detalle dimensional pequeño que no detecté antes ya que estaba escondido bajo guardia de seguridad. Ese error pudo haber causado que alguien particularmente estuviera muy enojado. El sueño me reveló información que yo necesita conocer.

## Sueños de Conflictos

Algunos sueños de conflictos provienen del Señor para exponer los planes de nuestro enemigo espiritual. El siguiente es un ejemplo de este tipo de sueños:

**Sueño:** *Vi un círculo negro con un diseño en el centro que también era negro. Toda la imagen estaba borrosa. Según observaba, se fue aclarando y vi que se estaba superponiendo en nuestro departamento. Mientras se aclaraba, supe que era un símbolo satánico que venía hacia mí.*

Yo (Dianne) oré inmediatamente, aunque no tenía un entendimiento específico ni del sueño ni del símbolo. Al desayuno, Steve y yo continuamos orando contra los esquemas del enemigo. Persistimos en la oración varias veces al día hasta que tuvimos paz al respecto. Creemos que algun plan del enemigo hacia nuestras vidas nos fue revelado. El saber con anticipación nos permitió orar y prevenir cualquier cosa que el enemigo estuviera planeando hacer.

Los sueños acerca de conflictos pueden involucrar a quien sueña como a otros. Estos sueños pueden mostrar imágenes tales como a un enemigo tratando de matarnos, disparándonos, acosándonos, tratando de herirnos, o amenazándonos. También pueden haber sentimientos de gran temor. Estos sueños pueden confirmar el odio de nuestro enemigo hacia nosotros. A menudo etiquetamos estos sueños como "pesadillas", pero deberíamos ponerles atención. Como hijos de Dios tenemos un enemigo real que odia a Dios, pero que no le puede hacer nada. Por lo tanto, su objetivo son los hijos de Dios. Dios, en estos sueños, nos muestra las estrategias del enemigo para que nosotros nos preparemos y lo derrotemos.

El siguiente es un sueño que yo (Steve) tuve de una batalla.

**Sueño:** *Yo estaba guiando una expedición en tierra extranjera. Teníamos carpas y una pequeña hoguera junto al arroyo. Recibí una nota de manos de un mensajero. La abrí. La nota escrita a mano decía: "He enviado un barco para que te proteja de los osos". Firmaba: "Con amor, el Rey". Miré hacia atrás y vi que un enorme buque de guerra se ponía en posición con un armamento impresionante. Según* *observaba, entendí cómo nos podría proteger de los osos de tierra, pero me preguntaba acerca de los osos polares. Ellos podrían nadar bajo el agua y aparecer justo al lado de nuestro campamento y rápidamente avanzar hacia nosotros. Mientras este pensamiento estaba en mi mente vi que todo comenzaba a moverse. Un oso polar entró en nuestro campamento. Vi a un cazador tomar un enorme cañon y disparar. El oso explotó.*

Desperté del sueño muy alterado y Dianne también. Yo estaba asombrado por el buque de guerra pero más aún por como la nota estaba firmada. Cuando leí esas palabras, nada más me importó. A menudo recordamos este sueño cuando sentimos que "los osos" se aproximan.

### Sueños de Creación

Muchas personas reciben inspiración creativa a través de los sueños. Nuestro Dios le ha dado a algunas personas nuevas ideas para inventar, los músicos a menudo reciben letras de canciones o tonos que dan vueltas en sus mentes durante la noche. En la mañana, el sueño da paso a un gran fruto. Se sabe que los científicos reciben sueños con información importante que los lleva a sanar. Albert Einstein atribuyó su teoría de la relatividad a un sueño de su juventud.

*El General George Patton recibía guía militar intuitiva a partir de los sueños... Niels Bohr recibió un Premio Nobel por su teoría cuántica, la que dijo recibió en un sueño... Elias Howe tuvo una pesadilla que le dio una idea por medio de la cual él creó la máquina de coser.*[66]

A continuación nombraremos algunos ejemplos de quienes atribuyeron sus éxitos a sus sueños:

---

[66] Riffel, Herman. Dream Interpretation. p. 2

*El poeta inglés Samuel Taylor coleridge informó que había escrito "Kubla Khan" como resultado de un pensamiento creativo que tuvo en un sueño. Habiéndose quedado dormido mientras leía acerca del conquistador de Mongolia, despertó para escribir un poema completo que le pareció componer mientras dormía. El novelista Robert Louis Stevenson dijo que muchas de sus obras fueron desarrolladas por "pequeñas personas" en sus sueños, y específicamente citó la historia del Dr. Jekyll y el Sr. Hyde en su contexto. El químido alemán F.A. Kekulé von Stradonitz atribuyó su interpretación de la estructura del anillo de la molécula de benceno a su sueño acerca de una serpiente con su cola en su boca. Otto Loewi, fisiólogo alemán, atribuyó a una inspiración recibida por un sueño el experimento con el nervio de la rana que lo ayudó a obtener el Premio Nobel. En todos estos casos quienes recibieron el sueño informaron haber pensado acerca del tema por bastante tiempo mientras estaban despiertos.*[67]

Tenemos un Dios muy creativo. Los sueños son una manera a través de la cual Él comparte su naturaleza creativa con nosotros.

## Sueños de Sanidad

Esta es un área muy emocionante y relativamente nueva dentro del ministerio de sanidad interior. Se utilizada junto a diferentes técnicas de consejería pues los sueños están siendo ahora utilizados como una llave para la sanidad emocional profunda respecto a recuerdos pasados en las vidas del pueblo de Dios. Esta sanidad interior, como a menudo se llama, es una herramienta efectiva para proporcionar cambio y sanidad en las relaciones dentro de la congregación local.

---

[67] "Dreams as Extensions of the Waking State". Británica 2001 Edición de Lujo CD-ROM. Copyright © 1994-2001 Britannica.com Inc.

Desafortunadamente, gran parte del cuerpo aún no está consciente de su necesidad o de la existencia de esta oportunidad.

El principio detrás de la sanidad interior es la persona de Jesús. En oración, nosotros invitamos a Jesús a participar de los recuerdos de tu juventud. Allí, Él disipa los malos entendidos y mentiras que fueron creídas acerca de nosotros mismos por nuestra mente inmadura cuando eramos jóvenes. Así también, nos enfrentamos con las veces que quebrantamos una o más leyes espirituales de Dios durante nuestros primeros años. Entonces luego, estamos en condiciones de recibir perdón, purificación y restauración a través del arrepentimiento y confesión. Jesús también nos ha mostrado que Él alcanza los pecados generacionales que nos atormentan a todos y rompe el ciclo que afecta nuestras vidas hoy.

Jesús es el único dueño legal del título "Admirable Consejero",[68] porque ¡Él verdaderamente lo es! Hemos sido testigos de este hecho muchas veces. En el proceso de sanidad interior, nosotros actuamos como facilitadores de Su obra. Esto a veces es resulta fácil como otras muy difícil. En nuestro rol de consejeros hemos visto mucha gente ser libre de la carga provocada por relaciones dañadas, experimentando nuevamente el gozo de vivir.

Los sueños recibidos en forma previa a la sesión de consejería, han probado ser de invaluable ayuda para entregar alivio y libertad mientras la sesión se lleva a cabo. Nosotros estamos muy entusiasmados respecto a las nuevas cosas que Dios está haciendo a través de los sueños en el área de sanidad de los recuerdos, por lo que hemos dedicado el capítulo 16 completo a este tema.

---

[68] Isaías 9:6

## Conclusión

Según aprendemos, a través de la práctica, a diferenciar entre los sueños misceláneos y los sueños con mensaje y luego identificamos el propósito del mensaje del sueño, estamos listos para junto al lenguaje de símbolos e imágenes dar el siguiente paso. Este lenguaje merece ser estudiado y comprendido, sólo así será un precioso regalo para nosotros. Cuando por primera vez Jesús habló a las personas por medio de parábolas, los discípulos estuvieron curiosos por saber qué les decía a través de esas historias. Como aprenderemos en el próximo capítulo, Jesús les dió algunas pistas para ayudarlos a comenzar. Esos mismos principios nos ayudan a nosotros en el proceso de comprender el lenguaje de los sueños, como ya veremos.

# 11 Interpretando el Sueño

En este capítulo discutiremos dos sueños que nos fueron entregados durante nuestros seminarios y que analizamos en grupo. Al hablar acerca de los sueños de otros, siempre somos cuidadosos al presentarle a quien recibió el sueño el significado de los símbolos, pues como ya sabemos el entendimiento correcto de los símbolos que aparecen en el sueño pertenece a quien tuvo el sueño.

Creemos que Dios se propuso que entendiéramos nuestros sueños y aunque parece que algunos tienen una mayor sensibilidad para interpretarlos, nosotros que tenemos al Espíritu, también tenemos la habilidad para interpretar sueños. La idea que sólo aquellos con el "don" pueden interpretar sueños parece haber venido de la idea del don de interpretación de lenguas y que en el Antiguo Testamento sólo las personas como José y Daniel fueron llamados para interpretar los sueños de otros. El error en el primer caso es obvio. En el segundo caso debemos estar conscientes que fueron aquellos sin el Espíritu de Dios los que llamaron a los que sí tenían el Espíritu de Dios. ¿A qué grupo pertenece usted?, al de los que tienen el Espíritu o al de los que no.

Nosotros creemos que nuestra habilidad para interpretar los sueños aumenta en la medida que vamos eliminando nuestras antiguas maneras de pensar – que los sueños no son importantes y nuestra confianza en lo lógico para encontrar nuestras respuestas y nos disponemos a aprender este nuevo lenguaje, el lenguaje simbólico de los sueños de Dios.

## El Momento del Entendimiento

Esta es nuestra meta. El momento del entendimiento es cuando algo hace click – una luz viene. Herman Riffel llama a este momento "el momento ¡ah!".[69] Pareciera ser que hay un testigo en nuestro espíritu que avisa que hemos encontrado el significado o que estamos en el camino correcto para encontrarlo. En nuestro primer ejemplo, este momento vino cuando Jane asoció el edificio en el sueño con el lugar donde ella trabajaba. Cuando este momento de entendimiento llega, algo en nosotros dice "¡sí!". Uno de nuestros versículos favoritos es:

*"Y que la paz de Cristo reine en vuestros corazones" (Colosenses 3:15).*

La palabra *brabeuo* traducida aquí como "reine" es interesante. Su significado literal es "actuar como árbitro". Este verso nos dice que dejemos que la paz de Cristo actúe como árbitro en nuestros corazones, ayudándonos a conocer si estamos en lo correcto o no. Si no hay paz o se va, piense que fue un engaño; si la paz permanece, es algo acertado. Entonces, cuando el "momento del entendimiento" llega, verifique que haya paz en el interior y, si la hay, prosiga con esta respuesta. Si no hay nadie que confirme lo dicho, mantenga la interpretación pero esté abierto a más aproximaciones o a otra revelación.

## Pasos para Interpretar

Nuestro enfoque cuando ayudamos a otros a entender el mensaje de un sueño no es difícil. Con el tiempo y la práctica las preguntas que se hacen sobre el sueño son menos y más exactas.

A menudo tenemos una interpretación, ya sea que el Señor nos la da o que la obtengamos de nuestra experiencia con el

---

[69] Riffel, Herman. Dream Interpretation. Shippensburg, PA: Destiny Image Publishers, 1993. pg. 135

lenguaje de sueños, pero casi nunca divulgamos esta interpretación sin antes hacer algunas preguntas básicas para confirmar lo que sabemos. Por favor adquiera el hábito de hacer esto ya que nos equivocamos frecuentemente y no deseamos engañar a aquellos que buscan nuestra ayuda.

Considere estos pasos:

    Lea lentamente el sueño dos veces. La primera vez para obtener un sentido general del sueño y la segunda para rescatar los símbolos y los detalles.

    Determine el tipo de sueño que es -subjetivo, objetivo, o personal- guiado por la actividad de quien soñó el sueño durante el sueño. Habrá ocasiones en que podría ser uno u otro tipo. En estos casos nosotros tomamos uno y verificamos los símbolos para ver si algo calza en ese tipo de sueño, si no, entonces cambiamos al tipo en que los símbolos si calzan. Si es un sueño subjetivo continúe con estos pasos, de lo contrario siga las directrices en el capítulo 5.

    Pregúntele a quien soñó acerca del contexto del sueño – "¿qué estaba pasando en tu vida al momento de recibir el sueño?"- no se sienta satisfecho necesariamente con lo primero que le dicen. Nosotros frecuentemente preguntamos: "¿Qué más?". A menudo quien tuvo el sueño tiene algún asunto que desea el sueño le responda y ya que la agenda de Dios no siempre es la misma que la nuestra necesitamos ayudarlos a estar abiertos a otras posibilidades.

    Trate de resumir el sueño en una o dos oraciones. Esto a menudo ayuda a permanecer enfocados en el punto principal del sueño.

    Pregúntele a quien recibió el sueño qué puntos, símbolos, acciones o emociones se destacan en el sueño. Enumérelas ya que probablemente le ayudarán a enfocarse en aquellos detalles que son importantes y evitará pasar tiempo en aquellos que están sólo para rellenar o ayudar en el fluir del sueño.

Comience a preguntarle a quien soñó acerca de los símbolos con la esperanza de llegar a su significado, recuerde que estos símbolos se originan en las experiencias de vida de quien tuvo el sueño y no en el intérprete.

Usualmente hay momentos en que el significado de algún símbolo lleva a un "momento ¡ah!" y todo se complementa. Cuando esto ocurra, resuma el significado y determine la respuesta adecuada para el mensaje del sueño.

Si no se llega a la interpretación del sueño, no dude en dejar el sueño de lado hasta que exista una revelación o hasta que los símbolos se transformen en experiencias de vida. Me ha pasado muchas veces que yo no he experimentado aún los eventos que contienen la clave para la comprensión de los símbolos.

Siempre prosiga con una oración de agradecimiento a Dios por Su amor, por haberse involucrado y por Su interés en los detalles de su vida.

## Ejemplos de Interpretación

### Primer Sueño

Una mujer cristiana, Jane (no es su nombre real), vino a vernos con su sueño. Era muy perturbador para ella y ella estaba interesada en entender el significado. Acordamos trabajar con ella en los detalles del sueño de una manera que ella pudiera aprender a enfocar sus sueños en el futuro. Ella nos compartió lo siguiente:

Sueño: *En mi sueño, yo estaba en un edificio del tipo institucional con paredes de concreto grises. El edificio era bien cuadrado lo que hacía que cada sala fuera de paredes planas. Dondequiera yo miraba, veía esquinas, paredes, y escaleras que no llevaban a ningún lugar. Cada dimensión se enfrentaba en las esquinas en punta.*

*Las palabras no pueden describir con exactitud lo que ví. No había nada cálido respecto al lugar. Era gris y no tenía muebles, alfombras ni plantas. No había nada. Según caminaba a través del edificio, supe que no estaba sola; alguien estaba conmigo donde quiera que yo fuera, pero no puedo recordar quien era. Luego noté qu había un camino de puertas en cada puerta exterior. Estas puertas estaban hechas de metal tubular. Ellas eran sólo pequeñas puertas que iban a través de los centros de las puertas. Una persona podría gatear bajo ellas o fácilmente escalarlas ya que no tocaban ni el piso ni el tope de la puerta.*

*También habían grandes cadenas alrededor de las puertas como si deseara mantener a las personas fuera o dentro. Pensé que esto era algo estúpido. ¿Para qué poner cadenas si todo lo que la persona tenía que hacer era escalar o gatear para salir? Al mirar a través del camino de puertas, pude ver árboles verdes, montañas y el brillo del sol. Me daban ganas de ir. Sin embargo, tenía un poco de miedo debido a las puertas y las cadenas, y tanto yo como quien estaba conmigo estábamos tratando de escapar.*

 Lo siguiente describe cómo caminamos con Jane para lograr el entendimiento del sueño.

Primero, debido a que Jane era una participante en el sueño y no una observadora, reconocimos que el sueño era personal o subjetivo, por lo tanto el mensaje era para y acerca de Jane. Luego escribimos todos los símbolos que encontramos en el sueño, incluidas las palabras decriptivas o términos utilizados con los símbolos. Usamos la forma tubular, como usted habrá visto en el capítulo 7, para organizar la información. Incluímos la segunda columna, a la cual se le agregó el significado de los símbolos mientras trabajábamos en algunas preguntas.
Algunas veces un símbolo puede tener más de un significado. Si se ha anotado todos los significados, el correcto se hará evidente en la medida que avanzamos en el proceso. Nosotros también animamos a los participantes a incluir cualquier emoción que hubiesen sentido durante el sueño – impresiones, cosas que ellos "sabían" pero que no vieron o escucharon, cualquier persona, colores y números. Muchas veces, encontramos que hay una persona en el sueño que aunque no la vemos o su presencia es vaga, nosotros sabemos que está ahí. Si hay un buen sentimiento o un sentimiento de comodidad asociado a la presencia de la persona, creemos que puede ser Jesús.

Antes que comencemos el proceso de identificar el posible significado de cada una de las imágenes, necesitamos tener información acerca de dos áreas. Necesitamos conocer algunas cosas acerca de Jane, así como el contexto en el cual el sueño ocurrió.

## La Persona

Debido a que el singnificado de las imágenes es muy personal, no podemos entenderlas correctamente si no conocemos al menos un poco a la persona. Sólo Jane tiene total acceso a sus recuerdos pasados. Por lo tanto, a lo sumo, lo que podemos hacer es guiarla en la dirección que ella pueda llegar a entender el significado de las imágenes. Hacemos esto haciendo las preguntas que a menudo se derivan del propio sueño. Obviamente, preguntarle acerca de qué tipo de auto maneja no tiene relevancia alguna con el sueño. Entonces comenzamos nuestras preguntas preguntándole a Jane a qué se dedica. Jane trabajaba como secretaria en una compañía de construcción. Cuando le preguntamos qué tipo de construcción hacía la compañía, ella dijo, "nosotros construimos edificios institucionales". Cuando dijo esto, ella río fuertemente. Ella había evitado hasta entonces esta asociación "tan obvia". Esto es muy común especialmente si hay frustración. Al reconocer esta asociación hubo un "momento de entendimiento". Este hecho fue muy probable la clave para comprender el resto del sueño. Nosotros continuamos haciéndole preguntas acerca de su trabajo. Jane nos dijo, "me gusta el trabajo pero me frustra el ambiente".

Esto nos hizo comenzar la transición hacia el contexto del sueño.

## El Contexto

El contenido del sueño relacionado a los eventos actuales en la vida de Jane al momento del sueño. Nosotros dirigimos nuestras preguntas hacia esos eventos. Jane nos compartió que su frustración reciente estaba relacionada a su propia naturaleza creadora e intereses que contrastaban con la naturaleza repetitiva y de oficina en su trabajo. Ella había estado considerando cambiarse de trabajo pero no estaba segura de poder correr el riesgo en ese momento. Según ella compartió esos aspectos, el significado de las imágenes fue claro.

## El Significado

Parecicra que Jesús estaba caminando con Jane en el sueño. El sueño estaba apuntando a cuán aburrido y sin vida el trabajo era para ella. Las imágenes de los árboles verdes y las montañas estaban provocando a sus intereses creativos. El sueño le estaba mostrando a ella cuán "insignificantes" eran las puertas que estaban tratando de detenerla. Uno podía fácilmente trepar las puerta o gatear bajo ellas. Las cadenas, símbolo de estar atado, se mostraron tan insignificantes como lo eran las puertas. Jane sólo tenía que tomar la decisión de cambiar; ella misma era la única que la detenía de buscar un nuevo trabajo.

### El Propósito

Ahora que ya hemos comprendido el sueño, ¿cuál es el propósito de éste? A estas alturas Jane ya conocía en gran parte el mensaje del sueño – ella estaba aburrida y no realizada en su trabajo. Ella nos compartió estos detalles durante la fase de preguntas. Ella también nos compartió los temores que tenía en cuanto a cambiar la carrera. Con estos detalles en la mente, el propósito real del sueño pareciera ser darle ánimo, seguridad y aliento.

### La Respuesta

El que Jesús estuviera en conocimiento de su situación le entregó mucha seguridad y alivio, verlo o sentirlo caminar con ella en ese edificio o si escapaba, es algo que permanecería no importando la decisión que tomara. Este es un punto importante-la decisión final en cuanto a qué hacer pertenece a Jane.

Ninguno de los temas de seguridad o comodidad son nuevos. Ellos son verdades bíblicas.[70] El sueño no agregó ni quitó esas verdades, pero sí le dió a Jane una experiencia muy personal asociada a ellas.

### Segundo Sueño

Una joven cristiana, Alicia (no es su nombre real), nos trajo un sueño que había tenido cerca de dos años antes, pero que no había sido capaz de sacar de su mente. Usualmente es mejor

---

[70] Mateo 28:20, Hebreos 13:5,6

trabajar con sueños actuales pues los detalles del contexto están más vívidos, haciendo que la interpretación sea más clara.

> Sueño: *En este sueño yo estaba en el pabellón de un hospital que estaba lleno de víctimas. Yo estaba vestida como un sacerdote católico. Mi hermano mayor estaba ahí conmigo, aunque no recuerdo verlo hacer o decir mucho, sólo me ayudaba con lo que yo estaba haciendo. Las víctimas estaban en camas alineadas una junto a la otra como en una unidad de cuidados intensivos. Algunas estaban conscientes y físicamente capaces de responder a la interacción humana.*
> 
> *Yo iba a cada cama y les preguntaba si conocían a Jesús como su Señor y Salvador y si sabían dónde pasarían la eternidad, y si querían que yo orara por ellos. Si me rechazaban yo los dejaba y me dirigía a la próxima cama.*
> 
> *Algunos respondían con gratitud, mientras que otros eran hostiles. En el nombre de Jesús yo echaba fuera demonios, sanaba a los enfermos y guiaba a otros al Señor.*

## La Persona

Alicia era una mujer joven y soltera que participó de uno de nuestros seminarios. Ella tuvo el sueño mientras aún era estudiante. Para ese entonces, ella estaba trabajando como secretaria.

## El Contexto

Al momento del sueño, Alicia estaba involucrada en un grupo evangelístico que pertenecía a su congregación local.

## El Significado

Según trabajamos en los símbolos de su sueño, el tema del sacerdote católico tomó relevancia. Alicia estaba preocupada pues ella no era católica. Cuando le preguntamos qué tipo de ropa usaría un ministro en su denominación, ella nos dijo que probablemente sería pantalón corto con una polera. Entonces le preguntamos si es que ella, en el sueño, hubiese estado usando pantalón corto y polera, se habría reconocido en una posición de liderazgo. Admitió que jamás lo habría pensado. El sueño necesitaba de alguna manera simbolizar liderazgo, y las ropas del sacerdote católico sirvieron para ello. La imagen del hermano en el sueño también es muy interesante y es algo que yo (Steve) a menudo tengo en mis sueños. El hermano mayor caminaba con ella dondequiera que ella iba, pero no se hacía cargo de las actividades. Él no era dominante. Jesús maravillosamente podría ser la imagen, esto es algo inmediatamente obvio en mis sueños.

La tabla a continuación muestra el resultado del estudio que realizamos a los símbolos del sueño de Alicia.

| Tipo de Sueño: subjetivo | |
|---|---|
| Símbolo/Emoción/Acción | Significado |
| Pabellón | Personas enfermas |
| Cuidado Intensivo | Última oportunidad |
| Hermano | Jesús |
| Sacerdote Católico | Liderazgo |
| Sanación de los enfermos | Sanidad |
| Echar fuera demonios | Una rutina del ministerio cristiano |
| Guiar hacia el Señor | Evangelismo |

## El Propósito

Nosotros sentimos que el sueño era un sueño de vocación y que apuntaba a la dirección que el Señor tenía para la vida de

Alicia. El sueño sugería que ella tenía dones en las áreas de evangelismo y sanidad.

## La Respuesta

Nosotros le sugerimos que orara respecto a su llamado, y que le pidiera al Señor que confirmara la dirección que Él tenía para su vida antes que ella tomara cualquier acción por si misma. Conversamos acerca de las diferencias entre "llamado" y "comisión" para lo cual probablemente habría un período de entrenamiento a través del cual el Señor la capacitaría en forma previa a ser comisionada. Nosotros quedamos admirados por su disposición a seguir al Señor dondequiera que Él la guiara.

## Conclusión

Es muy importante que no impongamos un significado al sueño de otra persona. Por esta razón nosotros no publicamos un diccionario de símbolos de sueños. Hemos incluido una breve lista y símbolos comunes en el capítulo bajo el título "Algunos Símbolos Básicos", pero le pedimos que vea esta lista sólo como una guía para saber cómo los símbolos e imágenes podrían ser utilizados o entendidos. Como es evidente, en nuestros ejemplos, el contexto o eventos en la vida de quien recibe el sueño al momento de recibirlo son de extrema importancia para comprender el mensaje que trae el sueño. Igualmente importantes son los significados y la relevancia de los símbolos para el que soñó. Cada persona tiene su propia historia de vida a través de la cual el Padre les habla, entonces, sólo ellos pueden conocer el significado al momento en que "la luz se enciende".

## 12 Líderes y quienes reciben el sueño

La relación es de suma importancia en el reino de Dios. Su mandamiento en que nos amemos unos a otros como Él nos ha amado. Las acciones irresponsables de quienes reciben un sueño pueden afectar profundamente al cuerpo de creyentes, pastores, y en ocasiones también a las ovejas.

*"Yo, pues, prisionero del Señor, os ruego que viváis de una manera digna de la vocación con que habéis sido llamados, con toda humildad y mansedumbre, con paciencia, soportándoos unos a otros en amor, esforzándoos por preservar la unidad del Espíritu en el vínculo de la paz" (Efesios 4:1).*

Ya sea por los líderes o por quienes reciben el sueño, mucho del daño que puede afectar a la congregación puede ser atribuido a la falta de entendimiento de ambas partes.

*"Mi pueblo es destruido por falta de conocimiento. Por cuanto tú has rechazado el conocimiento, Yo también te rechazaré para que no seas mi sacerdote" (Oseas 4:6).*

El precio por rechazar el conocimiento es muy alto. El conocer y entender comienza con el temor al Señor y aumenta con estudio y aprendizaje; ambas son actividades que se requieren en los líderes. Probablemente tememos más a las cosas de las cuales tenemos poco conocimiento o desconocemos del todo. Por leer este libro, usted ha sido proactivo pues está aprendiendo antes de enfrentarse al tema de los sueños. Ser proactivo siempre es mejor que ser reactivo.

Cuando el tema de los sueños comience a tocar su vida y ministerio, usted tendrá el entendimiento de cómo ayudar a otros y a sí mismo con los sueños. Este entendimiento lo equipará para compartir lo que usted conoce al guiar a otros en sus primeros pasos hacia esta experiencia.

Hablamos de la probabilidad que aquellos que comienzan a considerar la realidad de los sueños cometan errores, tal como los bebés cuando aprenden a caminar. Tanto el líder como quien recibe el sueño están expuestos a cometer errores. El daño es menor cuando caminamos juntos con entendimiento y conocimiento de lo que viene más adelante, dirigiendo a quienes estamos ayudando a pasar alrededor de los peligros, siempre animándolos a continuar su camino.

No todo el daño que pueda resultar es por falta del líder o de quien recibió el sueño. El hecho es que todos cargamos con heridas enraízadas en nuestros primeros años que nos afectan y a menudo gobiernan nuestras acciones y reacciones en el presente. El dolor representa el fruto de nuestra naturaleza vieja y están en la agenda de Dios para ser removidos como parte de nuestro proceso de santificación. Estamos asombrados por cuán a menudo Dios habla acerca de estos temas con la esperanza que los sometamos a Él para que sean removidos. Esta es una gran parte del tema de nuestro libro *"Sueños que Sanan y Aconseja"*.[71] Como líderes, necesitamos la sabiduría de Salomón y la valentía de Natán el profeta, para confrontar, reducir tensiones y corregir aquellas veces en que la gente está herida por las acciones de otros. Lo que viene a continuación son dos ejemplos de situaciones reales.

## Por favor escúcheme

Un amiga con dones en los profético estaba experimentando sueños. A medida que su entendimiento crecía, ella pudo reconocer qué sueño era personal y cuál era

---

[71] Bydeley, Steve and Dianne, *Dreams that Heal and Counsel*, Kitchener, Ontario: Lapstone Publications, 2005,

entregado como mensaje para aquellos con quienes ella se relacionaba. La congregación estaba entusiasmada por lo que ella vivía pues la gente allí estaba abierta a las cosas del Espíritu. Ella creyó que esta camaradería la ayudaría a crecer en su don profético.

Había buena relación entre ella y la congregación, los líderes y el pastor. Ella era fiel en asistir. En un momento ella comenzó a tener sueños que creyó eran para el liderazgo de la congregación. Luego de grabar uno de ellos, pidió una cita con el pastor para discutir el sueño. (En este capítulo no estamos interesados en el sueño real, sino mas bien en la interacción entre pastor y quien recibe el sueño). Luego que ella había compartido el sueño, la respuesta de él la sorprendió. Él lo descartó con el siguiente comentario: "sólo fue un sueño". Con mucho desánimo ella abandonó la reunión no sabiendo qué hacer, que no fuera orar por el liderazgo de la congregación.

Ella continuó teniendo sueños que sintió eran para el liderazgo de esta congregación. Otro sueño, en particular, la motivó a pedir otra cita con su pastor. De nuevo, ella le contó el sueño. Tristemente, su respuesta fue muy parecida a la anterior. El pastor escuchó pero también descartó este sueño.

Luego del tercer y último intento de compartir un nuevo sueño con el pastor, ella nuevamente abandonó la oficina con desánimo, pero esta vez de manera concluyente. Aunque ella había seguido los procesos correspondientes y había orado por el liderazgo, ella se sentía menospreciada e ignorada. A pesar de su relación con muchos en su congregación, incluyendo varios de los líderes, ella sintió que era tiempo de irse y adorar a Dios con otra parte del cuerpo de Cristo. Poco tiempo después, esta congregación se disolvió, y las personas quedaron sin nadie con quien relacionarse.

Aunque hay muchos factores que contribuyen en el término de una congregación local, creemos que este término pudo haber sido prevenido si la respuesta al sueño por parte del pastor hubiese sido diferente.

## El Líder Juvenil

Muchos años atrás cuando yo (Dianne) comencé mi descubriento acerca del don de sueños en mi vida, tuve un sueño. En mi sueño estaba el líder juvenil de la congregación a la que pertenecí por muchos años. Medité en el sueños por un tiempo pues pensé que eventualmente tendría que compartirlo con él. Era Viernes por la noche y yo sabía que la juventud de nuestra congregación estaría en la oficina, así es que manejé hasta allá. Ellos estaban por terminar el tiempo de ministración, y yo silenciosamente me acerqué al líder de jóvenes. Le dije que tenía un sueño que sentía era para él y le pregunté si quería que se lo relatara. Nos apartamos a un lugar tranquilo donde le compartí el sueño según lo había escrito. (De nuevo, en este capítulo estamos enfocados en la relación entre el líder y quien recibe el sueño más que en el sueño real). Él escuchó y meditó al respecto. Después de unos pocos minutos, dijo que no significaba nada en particular para él ahora, pero que le gustaría conservar lo que yo había escrito para orar al respecto y meditar en ello. Él me expresó su agradecimiento por haber ido a verlo y se mostró impresionado por mi deseo de obedecer lo que el Señor me había pedido que hiciera. Entonces le ofrecí orar con él. Con un notorio entusiasmo él aceptó. Otros se unieron y pasamos unos treinta y cinco minutos orando por él. El sueño nunca más se nombró después de esa reunión. Lo importante en este asunto es que yo dejé la reunión esa noche sintiéndome animada, obediente y llena del gozo del Dios vivo. Yo estaba muy entusiasmada acerca del don y la idea de que Dios me hablaba por medio de sueños.

En esta situación, el líder juvenil fue receptivo. Él fue capaz de trabajar con quien recibió el sueño, animarlo y fortalecer su autoestima. Al hacer eso, él se aseguró que ella estaría dispuesta a recibir consejo o dirección por parte de él en el futuro.

# El Picnic

Una noche, yo (Dianne) tuve un sueño que fue increíblemente claro y muy impresionante en su poder y potencial. Cuando desperté, no sabía el significado. Lo escribí completamente y lo compartí con Steve de la manera que sigue:

> Sueño: *Había una gran laguna. Yo estaba a un lado de ella. El piso comenzó a temblar. Me subí a unas rocas y me giré para ver la laguna. Según el temblor de la tierra aumentaba, vi una tremenda agitación del agua que formaba un poderoso ascenso rápido de agua que daba forma a una muy grande, fuerte y casi sólida columna de agua. El agua alrededor de la base de la columna permaneció tranquila. Llegó muy alto y cuando logré ver la cima, pude ver un gran avión que recién había despegado rumbo al cielo. Fue justo en el punto en que estaba en línea con la cima de la columna de agua.*

No tuvimos un claro discernimiento acerca del significaco de esta combinación de sueño, pero note que en la mayoría del sueño, yo estaba observando. Pasaron las semanas, yo medité y oré acerca del sueño sin tener mucho discernimiento. Entonces, un día, estábamos disfrutando un paseo de día Domingo por el campo con el director de un gran ministerio de consejería y su esposa cuando nos detuvimos para un descanso en un lugar con vista al océano. Al estar ahí disfrutando del paisaje y de la compañía repentinamente el sueño vino a mi mente. Me pregunté por qué y me senté quietamente a escuchar por unos minutos. Tuve la impresión que Dios quería hablarle a esta pareja; tal vez, el sueño había sido para ellos. Le pedí al Señor que me diera una oportunidad para hablar con ellos si es que eso era lo correcto. Luego esperé, confiando en el Señor.

A la hora de almuerzo tuvimos nuestro picnic junto al borde del agua, el día estaba hermoso y soleado. La conversación se centró en lo que Dios estaba haciendo en nuestras vidas, lo que me dio la oportunidad que necesitaba para compartir con ellos el sueño. El esposo comenzó a compartir algunos discernimientos que tenía respecto a lo que el Señor tenía como futuras direcciones pero no estaba seguro de cómo llevarlas a cabo. Le pedí que no mencionara nada al respecto para ver si el sueño podía confirmar lo que el Señor estaba haciendo. Les conté el sueño. La respuesta del esposo comenzó con sus ojos llenos de lágrimas y silencio hasta que pudo recobrar fuerza para hablar. El sueño le habló al corazón, y el resultado fue un maravilloso tiempo de compartir genuinamente.

Cada uno de nosotros sintió la presencia y el amor de Dios ese día.

## Sometiendo los Sueños a los Líderes

*"Sométase toda persona a las autoridades que gobiernan; porque no hay autoridad sino de Dios, y las que existen, por Dios son constituidas. Por consiguiente, el que resiste a la autoridad, a lo ordenado por Dios se ha opuesto; y los que se han opuesto, sobre sí recibirán condenación"* (Romanos 13:1-2).

Resumamos algunos puntos que sentimos, quienes reciben un sueño, deberían considerar.

- Someter un sueño objetivo al liderazgo.
- Escriba el sueño completamente tal como lo recibió. No lo adorne. Ore, ore y ore hasta estar seguro en su espíritu que debe acercarse al liderazgo. El tiempo de Dios es importante.
- Llame y solicite una reunión. No se acerque al liderazgo un domingo en la mañana o durante un evento que requiera de su atención.
- Al solicitar la reunión, hágales saber que el motivo por el que solicita dicha reunión es acerca de un sueño que tuvo. Esto evita la irritabilidad que algunas personas

experimentan cuando se deja en suspenso el tema de la reunión.

- Ya en la reunión, hágalo simple. Sólo entregue el sueño al líder. Recuerde que un sueño objetivo es para y acerca de otros. Usted puede no tener el significado del sueño. Diga sólo el relato del sueño y deje que el Espíritu Santo hable al corazón del líder.
- Usted no es responsable por lo que el líder haga con el sueño - usted ya habrá hecho su parte. No juzgue ni se sienta herido por la respuesta si no es lo que usted esperaba.
- Una vez terminada la reunión, no hable del sueño a menos que el líder se lo solicite. Esto es particularmente importante si el tiempo pasa y usted no ve los cambios que pensaba ocurrirían. Su responsabilidad ya terminó. No le "recuerde" al líder acerca de su sueño.
- Siempre debemos honrar a la autoridad. Esto da espacio para que Dios actúe.

## Al Recibir un Sueño entregado a Otros

*"Por lo tanto, a los ancianos entre vosotros... pastoread el rebaño de Dios entre vosotros, velando por él, no por obligación, sino voluntariamente, como quiere Dios; no por la avaricia del dinero, sino con sincero deseo; tampoco como teniendo señorío sobre los que os han sido confiados, sino demostrando ser ejemplos del rebaño" (1 Pedro 5:1-3)*

Resumamos algunos puntos que sentimos que los líderes deberían considerar al recibir un sueño entregado por una persona bajo su cuidado.

- Déle tiempo a quien recibió el sueño. Esté dispuesto a reunirse con él/ella.

- Escuche y reciba el sueño con atención. El tiempo que usted les otorga debería ser valorado y equivalente al entusiasmo y ansiedad en la que ellos han estado por pedir esta reunión con usted.
- Responda mostrando interés. Esta persona es un/a hijo/a de Dios y está a su cuidado.
- Mire a la persona mientras habla. Haga contacto visual. No permita que los papeles en su escritorio o una llamada telefónica lo distraigan.
- Haga preguntas para clarificar dudas. El material de este libro lo ayudará a estar más preparado y saber hacer preguntas de calidad respecto a los sueños objetivos y/o subjetivos.
- Exprese un agradecimiento genuino por el coraje que tuvo de ir hasta usted, por el deseo de crecer en el don que Dios les dio, por su corazón de obediencia, y por el sometimiento voluntario de su sueño a los canales de autoridad apropiados.
- Una vez que el sueño ha sido compartido, ore con quien recibió el sueño y pida a Dios entendimiento.
- Si no está seguro que el sueño sea para usted o su congregación, pídale a la persona que deje el sueño con usted para orar acerca del mismo. Si le dice que lo/a contactaré después de unos días, hágalo.
- Ore acerca del sueño y compártalo con uno o dos de sus líderes (no revelando el nombre de quien le entregó el sueño de modo que ellos escuchen el sueño sin primero haber juzgado la fuente), pregunte luego por lo que piensan.
- Si cree que quien recibió el sueño no entendió la diferencia entre un sueño objetivo y uno subjetivo, enséñele para que no le quede duda. Sugiérale material para un estudio más profundo y ofrezcale

reunirse con él/ella para conversar del material si es necesario.
- Deje la puerta abierta para futuras posibilidades. Uno nunca sabe lo que Dios hará luego.

## Respondiendo a Quién le Entrega un Sueño

Mi amiga, Norma, me (Dianne) compartió un sueño mientras nos tomábamos un café. Como pastor, usted estará enfrentado a un escenario como éste. ¿Cómo podría responder?, ¿cómo debería responder? El siguiente es un enfoque simple que edificará más que desanimará. Ella se sentó al otro lado de la mesa y me relató el sueño tal como sigue:

> Sueño: *En el sueño me sentí triste y oprimida. El Señor me mostró una casa con dos perros en ella (los perros y animales me asustan). Hay un cambio de escena, ahora yo estoy tratando de encontrar la casa con los dos perros. No puedo encontrarla. Le digo a Dios que no la puedo encontrar. Él me muestra la casa. Un perro sale y luego el otro. Veo a un sacerdote sentado. Le pregunto, "¿cuántos perros hay adentro?" él me responde que hay veintiseis.*

Lo siguiente es una oración del estilo "repite después de mí". Oré: "Jesús, ¿por qué no pude encontrar la casa?" Norma repitió esas mismas palabras. Jesús le respondió diciendo: "está más allá de tu razonamiento" Norma me miró y sonrió mientras me compartía la respuesta.

Yo oré y ella repitió, "Jesús, ¿cuál es el significado del primer perro?" Jesús le respondió: "Pureza" Norma con sus ojos lagrimosos me dijo la respuesta.

Entonces continuamos: "Jesús, ¿cuál es el significado del segundo perro?" "Verdad". Ella comenzó a llorar.

"Jesús, ¿cuál es el significado del sacerdote?" "Consejo" Ella entendió que Jesús era su consejero. Ella también entendió que Jesús es nuestro sumo sacerdote y que ahora era su sumo sacerdote en una forma más personal.

"Jesús, ¿quién es el sacerdote?" "Tu amigo". Ella supo en su espíritu que era Jesús.

"Jesús, ¿cuál es el significado de los veintiseis perros?" "Felicidad" Los ojos de Norma se llenaron de lágrimas nuevamente.

"Jesús, ¿qué palabra de ánimo tienes para mí hoy" "Ve en paz". Lágrimas de gozo llenaron sus ojos y lloró.

"Jesús, ¿cuál es el significado total de este sueño?" "Es para tu tranquilidad".

Norma me contó que este sueño era una respuesta a muchas de sus oraciones. Ella luchó mucho con el sentimiento de condenación y a menudo le preguntaba a Dios, ¿qué estoy haciendo? El Padre utilizó este sueño para responder a su pregunta. Él le mostró a Norma que lo estaba haciendo bien, y a través del sueño le entregó tranquilidad y paz. Ella también sintió que el Señor le estaba diciendo que su caracter era puro y verdadero. Sobre todo en su vida, Norma admitió estar en un lugar de felicidad. Debido a este sueño, Norma ahora confía más en su tiempos de oración y en su relación con el Señor.

> *"a fin de capacitar a los santos para la obra del ministerio, para la edificación del cuerpo de Cristo; hasta que todos lleguemos a la unidad de la fe y del conocimiento pleno del Hijo de Dios, a la condición de un hombre maduro, a la medida de la estatura de la plenitud de Cristo"*

## Conclusión

El Padre nos creó para que nos relacionáramos y eso nos hace responsables de nuestras acciones hacia otros. Nuestros dones y llamado nos son dados para edificar al cuerpo de Cristo. Los líderes tienen un rol especial en esto, como pastores deben guiar a sus ovejas y no dispersarlas debido a respuestas inapropiadas. Si alguien que recibió un sueño se acerca a usted, ¿cuán equipado está ahora usted para recibir el mensaje? ¿qué tanto ha preparado la tierra de su corazón para que responda apropiadamente teniendo cuidado y alimentando a quienes sueñan en su rebaño? Una manera sería buscar sanidad interior para remover todo lo que gatilla que rápidamente tengamos problemas en nuestras vidas y en nuestras relaciones interpersonales.

# 13 Dificultades en la Interpretación

Muchos pueden ser los factores que nos desvíen del correcto entendimiento de nuestros sueños. Cometer alguno de los errores que a continuación detallamos puede ocasionar que nos sea más difícil obtener la correcta interpretación de nuestros sueños. En el proceso de aprender, podemos cometer errores, pero recuerde esto – un error es un gran error si no aprendemos de él. Habrá ocasiones en las que no tendremos la interpretación correcta, por eso, teniendo esto en mente analizaremos unos cuantos errores comunes a los que hemos denominado "trampas", ya que nosotros mismos hemos caído en ellas.

## Condenación

*"Por consiguiente, no hay ahora condenación para los que están en Cristo Jesús" (Romanos 8:1)*

Si el sueño es un mensaje de Dios, cualquier interpretación de éste deberá estar de acuerdo con la Palabra de Dios. Este versículo de Romanos nos entrega un principio primario en cuanto al entendimiento de nuestros sueños. No permita que el enemigo utilice un sueño para traer condenación a su vida. Como un mensaje de nuestro Padre, los sueños no condenan, informan.

## Sin Temor

Como otro principio primario, ¿qué es lo primero que se le dice a las personas que han recibido una visitación de algún ser celestial?

*"Entonces me dijo: No temas, Daniel, porque desde el primer día en que te propusiste en tu corazón entender y humillarte delante de tu Dios, fueron oídas tus palabras, y a causa de tus palabras he venido" (Daniel 10:12)*

*"Y el ángel le dijo: No temas, María, porque has hallado gracia delante de Dios" (Lucas 1:30)*

Muchas otras referencias nos dicen que no debemos temer. Ésta también debería ser una guía en nuestra respuesta a los sueños. Si el sueño te transmite temor, entonces duda de la fuente y/o de su interpretación.

## Frustración

Una de las maneras más rápidas de impedir que entendamos el sueño es dejar que la frustración se instale en nuestro corazón. Si el mensaje del sueño es muy importante, podemos descansar en la seguridad que Dios sabrá cómo comunicarnos su significado. Por lo tanto, relájese y descanse por un rato. Una de las intenciones de nuestro Padre es estar cerca de sus hijos. Los sueños deberían acercarnos a Él, al Dador de sueños. Disfrute el proceso. Para ser honesto, si nos frustramos muy rápido, esto podría ser un problema de control. Examine si esto ocurre en su vida y si es así, cada vez que ocurra confiéselo ante el Señor y pídale que lo elimine de su vida.

## Pasando Tiempo en Sueños Erróneos

Como lo hemos señalado antes, no todos los suesños provienen de Dios. Algunos sueños vienen a nosotros como resultado de un día muy ocupado:

> *"Porque los sueños [chalom] vienen de la mucha tarea…" (Eclesiastes 5:3)*

El tiempo y la experiencia nos ayudarán a ver el simbolismo de nuestros sueños y a distinguir cuáles son importantes. Decimos que el sueño está claro o que hay claridad en el sueño, cuando estamos seguros qué sueño merece ser registrado en forma escrita. Dios nos enseña orden y estructura. Los sueños que fallan en mostrar esto los dejamos a un lado. Lea los sueños y las visiones que enumeramos en el capítulo 4, bajo el título "Lista de Visiones y Sueños de la Biblia", para que tenga una idea de la claridad y estructura de estos sueños. Nosotros la utilizamos como referencia para clasificar nuestros sueños.

## No Hacerlo de manera Simple

El antiguo refrán que dice: "Hágalo simple", también es verdad aquí. Si la interpretación se torna complicada, lo más probable es que hayamos perdido el enfoque del mensaje sino el mensaje en sí.

> Sueño: *Yo estaba en una casa junto a otras personas. Tocaron a la puerta. Fui a la puerta. Un hombre me entregó algunas flores. Más tarde ocurrió lo mismo. Esto se repitió cuatro o cinco veces. Entonces desperté.*

¿Qué podría signifiar esto? Es simple. El sueño lo tuve el día de San Valentín. El Padre simplemente me estaba expresando su amor hacia mí (Dianne). La repetición era un modo de enfatizar el mensaje.

## No Entendiendo la Exageración

Los sueños a menudo enfatizarán algo para destacarlo. Saber que la muerte es inminente en un sueño no significa que quien recibió el sueño está pronto a morir, a menos que Dios aparezca y se lo diga directamente. El verdadero significado es más probable que sea para representar daño, una herida o a lo que usualmente se refiere el aspecto espiritual más que el físico. Probablemente nosotros mismos hemos utilizado o escuchado a niños decir la siguiente oración: "¡Mi hermano me va a matar cuando llegue a casa!" Me atrevo a decir que no muchos de nosotros consideraríamos llamar a la policía para prevenir que esto ocurra, ya que reconocemos es una exageración y es utilizada para destacar un punto. La repetición en un sueño, otra forma de exageración, le da certeza a un evento.

Ahora como en la repetición del sueño del Faraón, dos veces, nos indica que el asunto está determinado por Dios, y Dios rápidamente actuará (Génesis 41:32).

## ¿Para quién es el Sueño?

>Sueño: *Fui a la puerta de al lado y encontré a mi esposa tirada en el piso. Ella estaba en el pasto al lado del estacionamiento. Las abejas la cubrían. Iba a correr para ayudarla cuando me di cuenta que necesita protección contra las abejas. Estaba corriendo en busca de protección cuando desperté.*

Este es un sueño corto e interesante que tuve (Steve). Lo compartí con Dianne. Como se podrá imaginar nos llamó la atención. Comenzamos inmediatamente a orar acerca de las "abejas" que habían atacado y cubierto a Dianne. Le preguntábamos al Señor por qué la atacaban.

Esta fue nuestra posición acerca del sueño por casi un año, de tiempo en tiempo lo recordábamos y orábamos al respecto. Mientras revisaba otros sueños, me di cuenta de mi error. Es fácil equivocarse con la emoción inmediata cuando el sueño termina. El sueño era para mí y no para Dianne. Era acerca de mí y no acerca de Dianne. ¿Cómo sería esto? Si, en este sueño, yo hubiera estado sólo observando lo que estaba pasando a Dianne, entonces el sueño podría haber sido acerca de Dianne. Sin embargo, yo estaba muy activo en el sueño. El sueño realmente me decía que yo no estaba preparado para ayudar a Dianne si es que ella lo requería. El sueño estaba apuntando a mi necesidad de estar siempre preparado con la cobertura de protección apropiada (tal vez la armadura de Dios) para cuando Dianne así lo necesitara.

## Actuar Demasiado Rápido

*"Por el testimonio de dos o tres testigos se juzgarán todos los asuntos" (2 Corintios 13:1)*

Debemos esperar hasta tener un segundo o tercer testigo antes de actuar con el mensaje del sueño. Una vez, yo (Steve) desperté de un hermoso sueño, y antes que pudiera decir una palabra, Dianne dijo, "tuviste un sueño". Cuando le pregunté cómo supo me dijo que su sueño le había dicho que yo estaba teniendo un sueño importante. Ambos quedamos muy sorprendidos ante el amor y gracia de parte de Dios.

Algunos sueños tienen obvia claridad y urgencia. Yo no veo que José haya esperado por confirmación de parte de María u otros para escapar con Jesús a Egipto. Hubo claridad y urgencia en el sueño. Requirió un actuar inmediato.

## Cofundir los Tipos de Sueños

Como lo señalamos anteriormente, se estima que el 95 por ciento de nuestros sueños con mensaje son subjetivos – para y acerca de quien recibe el sueño. La manera más simple de conocer la diferencia es poner atención a la actividad que realiza en el sueño quien está recibiendo el sueño. Si usted es un participante activo, es muy probable que el sueño sea para usted (subjetivo). Si por el contrario usted está sólo observando cómo se desarrolla el sueño, es probable que el sueño no sea acerca de usted (objetivo).

La trampa que hay aquí y ante la cual le pedimos ponga atención es el hecho de ser cuidadosos en acercarnos a otros que aparecen en los sueños. Cuando hemos comprendido que el sueño es acerca de nosotros mismos (subjetivo), raramente causamos otros problemas. Cuando un sueño que es para nosotros es entregado como si fuera para otros (objetivo), causamos problemas al entregarlo pues no es exacta la interpretación. Dios nos hace responsables por nuestras acciones.

Si recibió un sueño objetivo, ore pidiendo dirección y confirmación de parte del Padre para acercarse a la persona o congregación a exponer el sueño. Lo más probable es que Dios los haya utilizado en nuestro sueño no porque el sueño sea para ellos, sino más bien, porque ellos representan ciertas características o relaciones importantes para el mensaje del sueño. Yo (Steve) a menudo he tenido sueños que han incluido a un hermano mayor a quien yo respetaba mucho. Yo sé que él representa a Jesús en mis sueños. Mi hermana, Anna, representa gracia; que es lo que su nombre significa. Una hermana mayor representa al Espíritu Santo en mis sueños. Por lo tanto, yo no me acerco a ellos pensando que el sueño es para ellos.

El sueño objetivo puede estar dirigiéndonos a interceder por las personas en el sueño o por sus situaciones. Si así lo siente, ore por ellos. Le aseguro que nunca nos equivocamos al orar, privadamente, por las personas en nuestros sueños. Dios es muy cuidadoso respecto a la privacidad de nuestra relación con Él y raramente entrega información acerca de otra persona.

Hay ocasiones cuando el mensaje del sueño puede ser para otra persona, debemos ser muy cuidadosos en estos casos. Por favor sea cuidadoso. Este es un asunto muy serio. Mucho daño es el que se provoca a pesar de las buenas intenciones. La carne puede correr de manera feroz con mucha fuerza. Compruebe que en su corazón haya amor y humildad antes de hacer cualquier cosa. Si cree que el sueño es para la congregación, el primero con quien debe compartirlo es el pastor, y sólo luego, seguir su instrucción. Si el sueño proviene de Dios y el pastor nos indica no compartirlo, la responsabilidad es del pastor y no nuestra; deslíguese. Es muy importante que caminemos en obediencia a aquellos que Dios ha puesto como autoridad en nuestras vidas.

Puede haber un elemento profético en los sueños.

> *"El dijo: Oíd ahora mis palabras: si entre vosotros hay profeta, yo, el Señor, me manifestaré a él en visión* [marah]. *Hablaré con él en sueños* [chalom]" *(Números 12:6).*

Joel 2:28 también asocia profecía con sueños y visiones. Creo que existen dos aspectos que no deberían ser confundidos. Cada persona sueña o es capaz de soñar; por lo tanto, puede ser un aspecto subjetivo o personal que Dios quiere comunicar. Para aquellos con oficio de profetas o con el don de profecía, puede haber un rango más amplio para el aspecto objetivo en sus sueños. En otras palabras, aquellos sin un llamado profético usualmente reciben sólo sueños que comunican un mensaje personal para y acerca de ellos mismos. Aquellos con un llamado profético también pueden recibir sueños cuyo mensaje está dirigido a la comunidad de creyentes, su edificación, ánimo y/o exhortación.

En toda oración considere su lugar en su congregación y como Pablo exhorta:

> *"Procurad alcanzar el amor; pero también desead ardientemente los dones espirituales, sobre todo que profeticéis"* (1 Corintios 14:1)

Cada congregación hoy en día necesita a quienes tienen el don de profecía como también la iglesia los necesitó en el tiempo de Pablo. También es necesario que cada miembro crezca en madurez y en su caminar en amor. Nosotros somos Su hechura, pero esta obra es un esfuerzo corporativo. Esto es muy claro en el capítulo 16, "Sueños y Sanidad Interior". Según el Padre nos muestra problemas en nuestras vidas, nuestros corazones y nuestras relaciones, tenemos el privilegio de poder optar entregarle a Él estos problemas de modo de recibir Su sanidad. Los sueños han probado ser uno de los métodos que el Padre utiliza para comunicar estos problemas en forma personal o a la congregación local para seguridad de Su reino.

## No se Quede en lo Lógico

Un sueño es un sueño. A menudo es totalmente ilógico. Tratar de aplicar la lógica a un sueño nos llevará a lugares muy lejanos. Entonces, no debemos actuar con lógica acerca de nuestros sueños, dejemos la lógica a un lado y permitamos que el mensaje del sueño nos hable.

## Evite el Orgullo

¡Una actitud de orgullo puede crecer en nosotros sin siquiera darnos cuenta! Ya que los sueños vienen mientras estamos durmiendo, no podemos hacer nada nosotros para provocar un sueño o para detenerlo, tampoco podemos hacer algo que nos haga merecer tenerlos o ganarnos el derecho a tenerlos. La razón por la cual recibimos los sueños es porque Dios nos ama y eligió tener una relación con nosotros. El orgullo hará que todo lo que Dios quiere hacer en nuestras vidas se torne amargo. Cuando nos demos cuenta que el orgullo se quiere instalar en nosotros, confesémoslo como pecado inmediatamente ante Dios y pidámosle que lo saque de nuestras vidas.

## Conclusión

A medida que crecemos en nuestro entendimiento acerca de los sueños, se hace muy importante tener a un par de personas que puedan caminar junto a nosotros en tiempos de incertidumbre - observándonos, enseñándonos, corrigiéndonos y animándonos a lo largo del camino – ayudándonos de este modo a evitar las trampas que nos llevan a una interpretación errónea.

Es valioso aprender todo lo que podemos a través de la lectura y el compartir con otros que estén interesados en esta fuente maravillosa que Dios utiliza para que nos relacionemos con Él. Obtenga la mayor experiencia posible por interpretar sus propios sueños. La práctica y la persistencia darán frutos.

# 14 Problemas y Oraciones

## Para Aquellos que No Sueñan

Sería una negligencia no mencionar algunos de los problemas relacionados con el proceso de soñar antes de entrar en la comprensión y el proceso de interpretación. En cada seminario que hemos dirigido, han habido personas que reclaman no soñar, por lo que tienden a sentirse excluidos de lo que Dios está haciendo a través de los sueños. Algunas investigaciones han sugerido que todas las personas sueñan (ver capítulo 2), por lo que, basándonos en esto, creemos este puede ser más un asunto de no recordar lo que se soñó que un problema de no soñar. Por lo tanto, utilizamos el siguiente enfoque con aquellos que no sueñan tanto como con aquellos que no recuerdan sus sueños. Por último, un sueño con un mensaje de Dios es algo que nos gustaría recibir, pero que claramente proviene por deseo de Dios y no por iniciativa nuestra. Las siguientes sugerencias sirven sólo para asegurar que no hay nada que nosotros podamos hacer para prevenir el recibir aquellos sueños cuando y si, Dios elige hablarnos a través de ellos.

## Razones por las que No se Recuerdan los Sueños

Aquí hay algunas razones del por qué podría no recordar sus sueños.

- Actitud. Si los sueños no han sido importantes para usted, entonces usted no se esforzará por recordarlos. La acctitud que usted tenga hacia los sueños podría determinar mucho acerca de su vida en los sueños. Desgraciadamente, esta actitud indiferente la hemos moldeado nosotros los adultos en los niños cuando hemos tomados a la ligera sus sueños diciendo "sólo sueños" y, por lo tanto, no le damos el valor que corresponde.

- Interferencias. Un ejemplo de esto es la alarma del reloj o el teléfono que suene. El impacto de estas y otras perturbaciones pueden ocacionar que los sueños se desvanezcan. Pídale a Dios que lo despierte inmediatamente haya recibido un sueño con un mensaje, y sea diligente en escribirlo antes de volver a dormir.
- Pocas horas de sueño. No suficiente sueño o mucho cansancio pueden afectar los sueños y la habilidad de despertar para registrarlos.
- Tomar medicina, drogas o alcohol. Esto no necesita mayor explicanción en cuanto al mensaje en los sueños; sin embargo, estas cosas pueden tener efectos muy negativos en el proceso natural de soñar debido a su efecto en la química de nuestro cuerpo.
- Embarazo y Ciclos menstruales. Las hormonas y los cambios químicos en su cuerpo durante estos períodos puede afectar los sueños y la habilidad para recordarlos.
- Falta de disposición para escuchar un mensaje por medio de un sueño. Pudo haber habido tiempos en los que tuvo miedo o experimentó rechazo a la idea de recibir el mensaje de un sueño.
- Votos en la niñez. Como niños pudimos haber renunciado a los sueños por temor y/o porque nuestros padres no supieron como responder ante nuestras inquietudes. Esta puede ser una razón muy común.
- Problemas generacionales. Si, en las generaciones pasadas, un ancestro hizo cualquier cosa para descartar los sueños, cualquiera haya sido la razón, es posible que

ese hecho pueda aún estar causando efecto en las líneas generacionales. Esto es fácilmente corregible como lo podrá ver a continuación.
- Espíritus bloqueadores. La maniobra más grande de satanás contra Dios fue dañar nuestra habilidad de tener y mantener una relación. Hay espíritus cuyo rol parece ser causar continuos quiebres de las relaciones. Estos espíritus pueden entorpecer la comunicación via sueños y también nuestra relación con Dios y otros. Anular la obra de estos espíritus bloqueadores también es fácil como lo verá a continuación.

Si cree que sus sueños están siendo intervenidos en cualquier manera, siga los puntos que a continuación le damos y ore conforme al ejemplo que también le compartiremos. Estos podrían ayudarlo a eliminar cualquier cosa que esté interfiriendo su recepción o habilidad para recordar sus sueños.

## En Camino a Recordar los Sueños

Si usted está teniendo problemas para recordar sus sueños, le recomendamos seguir las siguientes acciones:

- Asegúrese que no haya en usted una actitud que ocasione el que usted no escuche de Dios.
- En oración confiese a Dios cualquier actitud contraria a los sueños que se esté anidando en usted, pida a Dios su perdón y reconozca que los sueños son importantes ya que provienen de Dios.
- Algunos ya no recuerdan sus sueños pues en el pasado ellos han ignorado el hecho que los sueños puedan traer un mensaje de parte de Dios. Confiese esto ante Dios; pídale a Dios lo perdone por haber ignorado en el pasado,[72] el hecho que los sueños pueden traer mensajes de parte de Él y exprésele a Dios su deseo hoy por aprender y recibir sueños de parte de Él nuevamente, esta

---

[72] Levítico 26:40

vez con un corazón renovado para honrar el sueño y su mensaje.

- Si la razón por la cual no recuerda sus sueños corresponde a generaciones del pasado, pida a Dios perdone a quien sea en su pasado que haya sido la causa consciente o inconsciente de este impedimento. Basándose y confiando en el perdón recibido, pídale a Dios que restaure este medio de comunicación con usted.

- Para eliminar cualquier "espíritu bloqueador", simplemente pida perdón por cualquier cosa que usted o generaciones pasadas pudieran haber hecho para dar lugar a que estos espíritus bloqueadores actuaran, luego, ejerza su autoridad sobre ellos y en el Nombre de Jesús ordéneles que se vayan. Pídale al Padre que lo llene del Espíritu Santo y que le hable en sueños. Es muy importante anular el "derecho" a inmiscuirse que estos espíritus bloqueadores habían ganado, a través de ordenarles que se vayan.[73] Le recomendamos que ore en compañía de otra persona.

- Esté preparado para honrar la comunión que comenzará a tener siendo diligente para escribir y/o grabar cualquier sueño que reciba. El espíritu puede estar dispuesto, pero la carne es débil.[74]

- Luego, espere en el Señor. Los sueños pueden no venir cada noche o incluso cada semana, pero esté preparado para cuando sea el momento y reciba un sueño.

## Oración de Purificación

La siguiente es una oración general dirigida a los problemas que mencionamos anteriormente. Si usted no cree estar bajo la influencia de alguno de estos puntos mencionados,

---

[73] Mateo 12:29, 43-45
[74] Mateo 26:41

puede saltar esa parte de la oración. Orar es una de las cosas que no causan daño:

- *Padre, gracias por ser quien eres. Tú eres recto y justo en todos tus caminos. Todo respecto a Ti es santo.*
- *Padre, yo quiero escuchar lo que tienes que decirme a través de sueños y visiones, pero sospecho que existen cosas que lo están impidiendo y provocando que no tenga deseos, pero aún así vengo ante Tu trono.*
- *Yo confieso Señor, que mi actitud hacia los sueños no ha sido como la tuya. He despreciado mis sueños en el pasado y ahora quiero que eso cambie. Desde ahora consideraré a los sueños como un medio por el cual puedo escucharte. Anhelo poder hacer esto en mi vida. Perdóname por mi actitud irreverente en el pasado.*
- *Yo confieso que he permitido que cosas se interpongan en el proceso de los sueños. Lo que sea haya hecho voluntariamente te pido por favor me perdones.*
- *Yo confieso Señor, que han habido veces en las cuales no he deseado escuchar de ti y me he bloqueado. Por favor perdóname.*
- *Es muy probable Señor, que siendo niño/a haya hablado contra los sueños o que haya declarado que no deseaba tener sueños. Aunque estas palabras se fundamentaron en mi ignorancia, fueron suficientes para que actuaran en mi contra. Señor, te pido que canceles la autoridad de estas palabras erróneas sobre mi vida ahora. Me arrepiento por haberlas pronunciado. No las deseo operando en mi vida. Remueve de mi vida cada efecto e influencia de estas palabras y perdóname por haberlas dicho.*
- *Yo confieso Señor, que mis antepasados pudieron haber pecado en alguna manera que me ha afectado a mí y a mi habilidad para tener sueños. Sé que las consecuencias de sus pecados se transmiten por la línea*

*generacional y que es la razón por la cual a veces cometemos los mismos pecados. Perdóname Señor donde sea yo haya actuado de igual manera, y remueve de mi y mi discendencia los efectos e influencias del pecado de mis antepasados y aquellos que yo mismo he agregado. Te pido esto en el convencimiento que Jesús ya pagó lo que yo debería pagar por estos pecados. Gracias.*

- *Señor, donde sea y como sea que el reino de satanás haya utilizado cualquiera de los puntos mencionados anteriormente para bloquearme de recibir sueños de parte tuya o de recordar estos sueños o de entenderlos, te pido remuevas sus derechos a hacerlo y junto con ellos todo bloqueo. Gracias.*
- *Yo declaro que es mi deseo recibir sueños y visiones que provengan de Ti y dejo mi vida en Tus manos, esperando me hables como a Tu hijo/a y me ayudes a comprender y responder a aquellos sueños y visiones.*
- *Gracias Padre. Tú eres digno de toda mi alabanza y especialmente mi adoración.*

## Frecuencia de los Sueños

¿Qué tan a menudo deberíamos esperar recibir sueños con mensaje? Esta pregunta es imposible de responder ya que todos somos diferentes, con estilos de vida únicos, medioambientes diferentes y estados diferentes en nuestra relación con el Padre. En vez de pasar tiempo pensando en la respueta a esta pregunta, haríamos muy bien si recordamos que Dios nos habla también de otras maneras, por lo que sólo confiar en una forma de comunicación nos priva de los beneficios de otros. A menudo hemos experimentado semanas sin recibir un mensaje a través de un sueño y usualmente lo que hacemos es preguntarle al Padre si en alguna medida somos responsables de ello. Revisamos las sugerencias entregadas en este capítulo para asegurarnos que no somos nosotros quienes estamos bloqueando la entrega del sueño y, si no tenemos alguna razón evidente como respuesta, dejamos a un lado nuestra preocupación, confiando que Dios nos hablará en un sueños cuando esto sea importante.

## Razones para Grabar los Sueños

Con el paso del tiempo, he aprendido varias razones importantes por las cuales grabar los sueños.

- Escribir el sueño en la noche me ayuda a poder revisarlo en la mañana. A medida que la mañana avanza y mi mente se centra en los eventos del día, raramente puedo recordar un sueño que haya tenido y que no lo haya escrito en la noche.
- Escribir y registrar la fecha en que tuve el sueño no sólo me da el panorama general, sino que me equipa para recordar los detalles, los símbolos, y el fluir en el que se desarrolló el sueño. Toma tiempo agregar el contexto, aquellas cosas que estaban pasando en su vida al momento de recibir el sueño.
- Frecuentemente comprendo el mensaje del sueño al momento que lo escribo. Una frase, una imagen, un símbolo, un color, asociar a una persona con algo o alguien, o cualquier otro detalle hace que mi entendimiento se despeje y obtenga la interpretación completa o parcial.
- A menudo, el discernimiento de la interpretación viene en medio de las actividades cotidianas, a través de los días, semanas o incluso meses que siguen. El revisar sueños recibidos en el pasado puede proporcionar entendimiento donde ha habido temas, símbolos o problemas comunes.
- En el proceso de desarrollar un vocabulario de sueños el comparar los símbolos, imágenes, personas, animales, etc que han participado en varios sueños, en diferentes estaciones es muy útil. Esto ayuda a desarrollar la

comprensión de la situación general de su vocabulario de sueños.
- Las cosas que el Señor me ha mostrado acerca de los sueños puede bendecir a otros. He completado varios cuadernos con sueños, y es muy interesante ver cómo el Señor provee de oportunidades para compartir con otros lo que he aprendiddo. Oramos porque otros sean bendecidos y animados mientras seguimos juntos en el camino de aprendizaje.
- Tome tiempo para registrar sus sueños, tome tiempo para hacer un trabajo que honre al Dador de sueños, ya que esa es la tarea de un "buen y fiel siervo".

## Conclusión

¿Todas las personas sueñan? Joel 2:28 nos dice que Dios derramará Su espíritu sobre toda carne y esto traerá como consecuencia que profeticemos, veamos visiones y soñemos sueños. La guía anterior tiene como propósito poder asegurarnos que no hay nada de parte nuestra que impida la comunicación a través de sueños. Si usted tenía un amigo cercano de quien no ha escuchado en tiempo, usted lo llamaría y le preguntaría: "¿he hecho algo que haya provocado que no me contactes?" La pregunta proviene de un deseo de continuar relacionándose con ese amigo. Hagamos los mismo en nuestra relación con el Señor. Hágale la misma pregunta a Él.

Es nuestro deseo que al destacar estos problemas y ofrecer estas soluciones usted pueda evitar vivir las experiencias de aprendizaje por las que nosotros hemos debido pasar y le permitan disfrutar el proceso, más importante aún, el mensaje en sus sueños que Dios quiere compartir con usted.

# 15 Sueños Agradables

¿Habla Dios a través de sueños? ¿Provienen todos los sueños de parte de Dios? ¿Cómo sabemos qué sueños traen un mensaje y qué debemos hacer con ese mensaje?

Éstas fueron algunas de las preguntas importantes que planteamos al comienzo de este libro. Al estudiar lo que la Biblia nos dice acerca de los sueños, hemos visto que los sueños son muy importantes para Dios, al punto de confiar el éxito de la nación de Israel y la vida de Jesús, Su único hijo, a los sueños. A través de la presentación de nuestras propias experiencias con nuestros sueños, hemos ilustrado que Dios nos habla hoy de maneras significantes y personales a través de los sueños.

Los sueños han sido definidos como una serie de imágenes con sonidos, emoción y algunos aparentemente ilusos significados. ¿Seremos capaces de entender todos nuestros sueños que traen mensajes? Habiendo leído este libro, nos sentimos confiados de decir que usted ha comenzado el proceso que lo llevará a un mejor entendimiento de sus sueños. Éste es un proceso y como tal, requiere tiempo, diligencia y experiencia para lograr destreza en su entendimiento. Saber reconocer cuál sueño es subjetivo y cuál objetivo es un primer paso vital en la comprensión del mensaje. La base del lenguaje de sueños es realmente la misma con la que hemos estado familiarizados desde nuestros primeros años mientras aprendimos a utilizar símbolos e imágenes. Las metáforas son tan comunes en nuestra vida como lo son las monedas de nuestra nación. Confiamos que hemos elevado su nivel de conciencia respecto de estas cosas y, al haberlo hecho, hemos desmistificado y simplificado el proceso de la interpretación de sueños. La persona que recibe el sueño es quien tiene la clave para su interpretación, ya que Dios usa las experiencias de vida de esta persona, la singularidad de cada persona, y a menudo el contexto de sus vidas para moldear el sueño que contiene el mensaje que tiene para ellos.

Evite la mentalidad de "comida rápida" que lo lleva a creer que debe conocer el significado de cada sueño en forma inmediata; pues como hemos observado de aquellos del Antiguo Testamento, la comprensión y cumplimiento de los sueños puede a menudo no venir sino hasta años más tarde. Algunos sueños pueden ser dados a modo de información solamente, y sólo cuando llegamos al cumplimiento del sueño nos damos cuenta del mensaje y entonces vemos cómo Dios ha estado dirigiendo los eventos en nuestra vida. Tenemos sueños, que hemos escrito muchos años atrás, que continuamos revisando, esperando recibir un nuevo entendimiento o un nuevo enfoque para los símbolos.

## Responsabilidad

Recibir cualquier mensaje de parte de Dios trae consigo mucha responsabilidad. Una vez que hemos determinado el tipo de sueño que hemos recibido, su mensaje, el propósito de éste, y para quien es, tenemos algunas opciones a tomar. ¿Qué haremos con el sueño y su mensaje?

Existe un indicador contra el cual debemos medir nuestra respuesta y nuestra responsabilidad: AMOR. Debemos actuar dentro de los parámetros de lo que es amor – hacia los que nos rodean tanto como hacia nuestras propias vidas. Amor es un verbo y no un sustantivo, es lo que hacemos. Nuestras acciones son la medida de amor.

> *"El amor es paciente, es bondadoso; el amor no tiene envidia, el amor no es jactancioso, no es arrogante; no se porta indecorosamente; no busca lo suyo, no se*

*irrita, no toma en cuenta el mal recibido; no se regocija de la injusticia, sino que se alegra con la verdad; todo lo sufre, todo lo cree, todo lo espera, todo lo soporta. El amor nunca deja de ser; pero si hay dones de profecía, se acabarán; si hay lenguas, cesarán; si hay conocimiento, se acabará… y ahora permanecen la fe, la esperanza y el amor, estos tres; pero el mayor de ellos es el amor" (1 Corintios 13:4-8,13).*

Por favor revise estos versículos antes de hacer cualquier cosa con un sueño, visión o palabra profética. Haga todo con una motivación originada en el amor, así como lo hace nuestro Padre.

¡Esta área de los sueños es acerca de Él! Él es el Dador de sueños y quien da la interpretación de sus sueños. Es todo acerca de las relaciones, a nivel corporativo como a nivel personal, con un Dios que se deleita en ser Padre de sus hijos/as, un Dios que escribió el libro siendo creativo, un Dios que creó y utiliza el concepto de comunicación a través de sueños con todas sus maravillosas imágenes e imaginativos símbolos.

Recuerde que los sueños, como cada aspecto de nuestro caminar cristiano, es acerca de las relaciones – relación con Dios y con su creación.

¡Dulces Sueños!

# Apéndice

## Estudio de Palabras Clave

La Biblia fue originalmente escrita en los lenguajes hebreo y griego (también en arameo). Algunas veces es beneficioso estudiar el lenguaje original para obtener un entendimiento más completo de las palabras utilizadas en las Escrituras.

En el capítulo 11, señalamos la importancia del contexto para el significado de un sueño usando una ilustración de la palabra "puente". El principio es igualmente importante en el entendiendo del significado e intención de las palabras del lenguaje original. El contexto de un versículo, las Escrituras rodeando la palabra, nos da una base para comprender su propio significado.

La autoría es un factor importante en la elección de las palabras utilizadas para expresar un significado. Un autor puede estar escribiendo durante un tiempo de exilio y puede estar influenciado por el medio cultural mientras que otro autor incluye palabras específicas de su vocación (por ejemplo, Amós era granjero, lo que se vé reflejado en sus escritos).

La audiencia a la cual se pretende alcanzar también influencia las palabras que el autor utiliza en su escritura. Una audiencia puede estar actuando correctamente ante la vista del Señor, mientras que otra audiencia puede estar necesitando una amonestación. Una audiencia puede estar en exilio, mientras que la otra puede estar en casa. El entendimiento de las palabras y su contexto puede variar de una audiencia a otra de acuerdo al escenario cultural de esa audiencia. Usemos las Escrituras para examinar un ejemplo de esto.

El libro de Génesis está lleno de la palabra *chalom* como sustantivo que significa "sueño", sin embargo el escritor en el libro de Daniel utiliza una palabra en arameo *chelem* como el sustantivo que significa "sueño". Sólo Mateo usa la palabra *onar* en sus narraciones acerca del nacimiento de Jesús y una vez en la narración de la muerte de Jesús cuando la esposa de Pilato tiene un sueño.

¿Por qué una palabra es frecuentemente utilizada en un libro de la Biblia mientras que una diferente es favorecida en otro libro? El estilo del autor, la audiencia que leerá y el escenario cultural son grandes razones para estas diferencias. Incluso hoy los lenguajes cambian y el significado de las palabras se adapta a la moda.

La siguiente es una extensa lista de palabras griegas y hebreas para las palabras soñar/sueños y visionar/visiones. Al final encontrará interesantes observaciones.

### Hebreo: Soñar/Sueños

חָלַם *chalam* (khaw-lam)[75] verbo

1) Soñar:

    (i) Sueños comunes al dormir (Isaías 29:8)

    (ii) Sueños con significado profético (Génesis 28:12; 37:5, 6, 9, 10; 40:5, 8; 41:1, 5; Joel 2:28)

    (iii) Sueños de profetas falsos (Jeremías 29:8)

2) Ser saludable, ser fuerte

    (i) *Qal,* sus crías se fortalecen (Job 39:4)

    (ii) *Hiphil, restabléceme la salud* (Isaías 38:16)

---

[75] Brown, Francis, S. R. Driver, Charles A. Briggs. *A Hebrew and English Lexicon of the Old Testament.* Oxford, England: Clarendon Press, Oxford University Press, 1978. p.321b

חֲלוֹם *chalom* (khal-ome')[76] sustantivo

1) Sueño:

   (i) Sueño común al dormir (Génesis 20:3, 6; 31:10, Génesis a menudo utiliza esta palabra; Job 7:14; 20:8; Eclesiastes 5:3,7; Isaías 29:7).

   (ii) Sueños con significado profético. (Génesis 37:5,6,9,10; 40:5,8; Joel 2:28; Daniel 2:3) Esto también es visto en los profetas falsos que han tenido sueños también y los israelitas fueron advertidos de no escuchar falsos sueños (Números 12:6; Deuteronimio 13:1,3,5; Jeremías 23:27,28,32; Zacarías 10:2).

Nuestro versículo principal de Joel 2:28 utiliza ambos términos *chalam chalom* donde leemos..."soñarán sueños".

חֵלֶם *chelem* (khay'-lem) (Arameo)[77] sustantivo

1) sueño (Daniel 2:4,5,6,7,9,26,28,36,45; 5:12; 7:1)

## Griego: Soñar/Sueños

ὄναρ *onar* (on'-ar)[78] sustantivo

1) sueño; sólo en Mateo 1;20; 2:12,13,19,22; 27:19

ἐνύπνιον *enupnion* (en-oop'-nee-on)[79] sustantivo

1) sueños

   En Hechos 2:17 *enupnion* es el primer sueño. El griego, teniendo el sustantivo antes que el verbo, realmente significa "sueños".

---

[76] Ibid., p.321c
[77] Ibid., p.1093a
[78] Bauer, Walter. *A Greek-English Lexicon of the New Testament—and Other Early Christian Literature*. Second Edition. Chicago: The University of Chicago Press, 1979. p.270c
[79] Ibid., p.569

ἐνυπνιάζομαι *enupniazomai* (en-oop-nee-ad'-zom-ahee)[80]
verbo

1) soñar

    (i) tener visiones en sueños (Hechos 2:17; el segundo sueños realmente significa "soñará".

    (ii) de falsos profetas (Judas 8).

## Hebreo: Tener visiones/Visiones

מַרְאָה *marah* (mar-aw')[81] sustantivo

    Una visión como un medio de revelación (Números 12:6; 1 Samuel 3:15; Génesis 46:2; Ezequiel 43:3; Daniel 10:16)

מַרְאֶה *mareh* (mar-eh')[82] sustantivo

1) Vista, aparición, visión

    (i) vista, fenómeno, espectáculo (Exequiel 3:3)

    (ii) aparición (Génesis 2:9)

    (iii) aparición, vista, visión (Números 8:4)

2) Lo que se vió (Isaías 11:3)

3) Una visión sobrenatural (Ezequiel 8:4; 43:3)

4) Vista, visión (Eclesiastes 6:9)

    Tanto la palabra *marah* como *mareh* son derivadas del verbo común *ra'ah* que significa "ver".

מַחֲזֶה *machazeh* (makh-az-eh')[83] sustantivo

1) visión

---

[80] Ibid., p.270c
[81] Brown, Francis, S. R. Driver, Charles A. Briggs. *A Hebrew and English Lexicon of the Old Testament*. Oxford, England: Clarendon Press, Oxford University Press, 1978. p.909b
[82] Ibid., p.909d
[83] Ibid., p.303d

(i) visión, en un estado extático (Ezequiel 13:7; Números 24:4,16; Genesis 15:1)

חָזוֹן *chazon* (khaw-zone')[84] sustantivo

1) una visión

    (i) como se vio en un estado extático (Miqueas 3:6; Ezequiel 12:24)

    (ii) visión, en la noche (Isaías 29:7)

    (iii) comunicación divina en una visión, oráculo, profecía (Ezequiel 7:26; 2 Crónicas 32:32; Isaías 29:7; Ezequiel 12:27; Daniel 8:1)

    (iiii) visión, como título de un libro de profecía (Nahúm 1:1; Isaías 1:1)

חִזָּיוֹן *chizzayon* (khiz-zaw-yone')[85] sustantivo

1) visión

    (i) visión, en el estado extático (2 Samuel 7:17; Isaías 22:1,5)

    (ii) visión en la noche (Job 4:13; 20:8; 33:15)

    (iii) comunicación divina en una visión, oráculo, profecía (2 Samuel 7:17; Job 33:15, Joel 2:28)

חָזוּת *chazuth* (khaw-zooth')[86] sustantivo

1) visión, evidencia

    (i) visión, oráculo de un profeta (Isaías 21:2)

    (ii) evidencia en la apariencia (Daniel 8:5, 8)

חֱזוּ *chezu* (Aramaic) (khay'-zu)[87] sustantivo

---

[84] Ibid., p.303a
[85] Ibid., p.303b
[86] Ibid., p.303b
[87] Ibid., p.1092d

1) visión, apariencia

> (i) visión (como modo de revelación) (Daniel 2:19; 7:2)

> (ii) apariencia (Daniel 7:20)

## Griego Tener visiones/Visiones

ὅραμα horama (hor'-am-ah)[88] sustantivo

1) visiones sobrenaturales, ya sea dormido o despierto.

> (i) visión (Mateo 17:9; Hechos 7:31)

2) el estado del ser ser mientras se recibe la visión (en el día como en Hechos 10:3; 9:10, 12 ó en la noche como en Hechos 16:9; 18:9)

ὅρασις horasis (hor'-as-is)[89] sustantivo

1) lo que es visto

> (i) apariencia

> (ii) visión sobrenatural (Hechos 2:17)

ὀπτασία optasia (op-tas-ee'-ah)[90] sustantivo

1) una visión, de lo que la Deidad permite a un ser humano ver, tanto de su prop ser divino o de algo más que usualmente está escondido de los hombres (Lucas 1:22; 24:23; 2 Corintios 12:1)

## Conclusión

¿Qué significa todo esto? Considere algunas de las interesantes observaciones que hemos mencionado.

---

[88] Bauer, Walter. *A Greek-English Lexicon of the New Testament—and Other Early Christian Literature*. Second Edition. Chicago: The University of Chicago Press, 1958. p.577b
[89] Ibid., p.577c
[90] Ibid., p.576c

El verbo hebreo *chalam* significa actividad de soñar sueños comunes mientras se duerme, pero también es utilizado para sueños con significado profético o sueños de profetas falsos. El sustantivo hebreo *chalom* se refiere a un sueño mientras se está dormido que puede tener significado profético y nuevamente puede ser un sueño utilizado por falsos profetas. El verbo *chalam* y el sustantivo *chalom* tienen casi el mismo significado. Este es un ejemplo de los muchos factores que afectan el uso de una palabra, como lo mencionamos en la introducción a este Estudio de Palabras Clave tales como el estilo del autor, audiencia y el escenario cultural.

El sustantivo griego *onar* significa un sueño y sólo se encuentra en Mateo. El sustantivo griego *enupnion* significa un sueño. El verbo griego *enupniazomai* significa soñar ya sea que alguien tenga las visiones en sueños y también pueden ser usadas por falsos profetas.

El sustantivo hebreo *marah* es una visión, un medio de revelación. El sustantivo *mareh* es una visión, aparición, vista y pertenece a lo que es visto y puede ser una visión sobrenatural de acuerdo a su uso en la Escritura. El sustantivo *machazeh* es una visión, en un estado extático. El sustantivo hebreo *chazon* significa una visión que es vista en estado extático. También puede ser una visión, en la noche y puede ser un medio de comunicación divina, como en un oráculo o profecía. *Chazon* también puede ser una visión, como el título del libro de profecía. Es interesante destacar que el sustantivo hebreo *chizzayon* tiene casi el mismo significado que *chazon* – una visión en el estado extático. Puede ser una visión recibida en la noche. Comunicación divina como en un oráculo o profecía está involucrada algunas veces en la visión. Este es otro ejemplo de los varios factores que afectan el uso de la palabra como la autoría, audiencia a quien se dirige el texto, y la cultura.

El sustantivo griego *horama* es una visión sobrenatural, ya sea dormido o derpierto. El sustantivo griego *optasia* es una visión, que la Deidad permite al ser humano ver.

Existe otro verbo hebreo interesante y que vale la pena mencionar, *chalam*. Generalmente significa "soñar". Pero como la raíz del verbo cambia en el lenguaje, *chalam* en la raíz Qal significa "su juventud es saludable" y en la raíz *Hiphil* "y restáurame hasta estar sano". Esto nos presenta un desafío para nuestra mente, por lo que la pregunta es: ¿Podemos tener sanidad a través de sueños y visiones? Esto parece confirmar el hallazgo de la ciencia – que debemos soñar para estar mental y físicamente saludables.

Los Sueños y las visiones son dos experiencias diferentes que comparten similitudes. La diferencia está en que los sueños vienen a nosotros mientras estamos dormidos, y las visiones vienen más como una interrupción directa en algun momento mientras estamos despiertos. La similitud entre los sueños y las visiones se encuentra en el lenguaje del mensaje. Ambos, tanto el sueño como la visión se nos presentan con un mensaje comprendido de una secuencia de imágenes, símbolos, sonidos y emociones con significado, claridad y propósito.

Para los propósitos de este libro creemos que el enfoque que enseñamos para comprender los sueños también puede ser aplicado a la interpretación de visiones.

En resumen, las palabras de las Escrituras deben ser vistas en su contexto. Así como la palabra "puente" tiene muchos diferentes significados, el único que es válido es aquel que es relevante para el contexto en el cual se está usando. Quien escribió el pasaje bíblico, a quienes estaba dirigido y el escenario cultural de la época influencian el uso, significado y comprensión de las palabras utilizadas en la Biblia. Mucho más podría ser entendido si se estudia el lenguaje original de la Biblia.

# .... Bibliografía

## Bibliografía Clave

Aland, Barbara, Kurt Aland, Hohannes Karavidopoulos, Carlo Martini, Bruce Metzger. *The Greek New Testament*. Stuttgart, Germany: Biblia-Druck, 1994.

Bauer, Walter. *A Greek-English Lexicon of the New Testament —and Other Early Christian Literature*. Second Edition. Chicago: The University of Chicago Press, 1958.

Brown, Colin. *The New International Dictionary of New Testament Theology*. Grand Rapids, Michigan: Zondervan Publishing House, 1979.

Brown, Francis, S. R. Driver, Charles A. Briggs. *A Hebrew and English Lexicon of the Old Testament*. Oxford, England: Clarendon Press, Oxford University Press, 1978.

Elliger, K., W. Rudoph, editors. *Biblia Hebraica Stuttgartensia*. Stuttgart, Germany: German Bible Society, 1990.

Harris, R., L. Gleason, L. Archer, Bruce K. Waltke, *The Theololgical Wordbook of the Old Testament*. Chicago, Illinois: Moody Press, 1980.

Strongs, James. *Strong's Complete Dictionary of Bible Words*. Nashville, Tennessee: Thomas Nelson Publishers, 1966.

Thayer, Joseph. *A Greek-English Lexicon of the New Testament*. Nashville, Tennesee: Broadman Press, 1977.

Vine, W. E. *Vine's Expository Dictionary of Old and New Testament Words*. New Jersey: Fleming H. Revell Company, 1981.

# Bibliografía de Sueños

## Libros

Conner, Kevin J. *Interpreting the Symbols and Types*. Portland OR: City Bible Publishing, 1992.

Deere, Jack. *Surprised by the Voice of God*. Grand Rapids, Michigan: Zondervan Publishing, 1996.

Hamon, Jane. *Dreams and Visions*. California, USA: Regal Books, 2000.

Milligan, Ira L. *Every Dreamer's Handbook*. Shippensburg, PA: Treasure House, Destiny Image Publishers, 2000.

Owen, W. Stuart. *A Dictionary of Bible Symbols*. London England: Grace Publications, 1992.

Riffel, Herman. *Dream Interpretation*. Shippensburg, PA: Destiny Image Publishers, 1993.

Riffel, Herman. *Dreams: Wisdom Within*. Shippensburg, PA: Destiny Image Publishers, 1990.

Ryle, James. *A Dream Come True*. Lake Mary, Florida: Creation House, 1996.

Sandford, John L. and Paula Sandford. *The Elijah Task*. Tulsa, OK: Victory House, Inc., 1977.

Sanford, John A. *Dreams: God's Forgotten Language*. New York, NY: HarperCollins Publishers, 1989.

Thomas, Benny. *Exploring the World of Dreams*. New Kensington, PA: Whitaker House, 1990.

## Material de Audio

Jackson, John Paul. *Understanding Dreams & Visions*. Fort Worth, Texas: Streams Ministries International, date unknown.

Riffel, Herman. *Christian Dream Interpretation*. Elma, New York: Communion with God Ministries Publishers, 1992

## Artículos de Enciclopedia

Hema, John and Jacob Arlow. "Psychoanalysis". *Microsoft Encarta 96 Encyclopedia*. Funk & Wagnalls Corporation, Microsoft Corporation, 1996.

Hartmann, Ernest. "Dreaming". *Microsoft Encarta 96 Encyclopedia*. Funk & Wagnalls Corporation, Microsoft Corporation, 1996.

## ... Acerca de los Autores

Por algunos años ahora, Steve y Dianne has estado creciendo en su comprensión acerca del corazón de Dios por los sueños. Ellos creen que el tema de los sueños ha sido tomado por el mundo para sus propios propósitos. Juntos, ellos desean ser parte del movimiento de Dios que reclama que este medio vital de comunicación sea devuelto a Su reino y para Su pueblo.

Siendo soñadores y consejeros pastorales, Steve y Dianne comparten su experiencia personal en esta área y entregan las claves que ellos han aprendido de modo que otros puedan caminar en la plenitud de lo que Dios tiene para ellos.

Steve y Dianne han enseñado internacionalmente acerca del tema de los sueños, sanidad interior, disociación, renovación y mucho más.

Dr. Steve Bydeley, MCC, DCM.
Dianne Bydeley, B.A., B.Ed., M.Ed., MCS.

## Lapstone Ministries

es un ministerio internacional cruzado que trabaja para traer al Cuerpo de Cristo a una relación más profunda con Dios y con cada uno.

Steve y Dianne son los fundadores y Directores de Lapstone Ministries

## Recursos de Steve y Dianne que están disponibles

¡Atrévete a Soñar! Libro

¡Atrévete a Soñar! Manual de Trabajo (manual de trabajo que lo ayudará a complementar su estudio individual o grupal)

¡Atrévete a Soñar! Manual del Guía

Open the Door to Dreams CD set

Basic Dream Interpretation CD

Basic Dream that Heal and Counsel CD

## Realización de Seminarios

Para obtener información acerca de nuestros seminarios, solicitar libros, manuales o material de audio, por favor contáctenos en:

Website: www.lapstoneministries.org

Email: info@lapstoneministries.org

www.ingramcontent.com/pod-product-compliance
Lightning Source LLC
Chambersburg PA
CBHW032118090426
42743CB00007B/390